Susie Hodge

DIE TEMPLER

DIE TEMPLER

Bewahrer des Heiligen Grals

Susie Hodge

tosa

BILDNACHWEIS

Anness Publishing dankt den folgenden Institutionen für die Überlassung und die Erlaubnis zum Abdruck von Abbildungsvorlagen:
I Topfoto; 2 Picture Desk (PD); 3 Bridgeman Art Library; 4 PD; 5 ul PD, um Corbis, ur Corbis; 67 PD; 8 u PD; 9 ol Tophoto, or Curbis; 10 ul PD; ur Bridgeman Art Library; 11 ol PD, or PD, ur Bridgeman Art Library; 1213 PD; 14 ol Corbis; 15 or PD, ur Topfoto; 16 ul PD, ur Bridgeman Art Librarv; 17 o PD, mr Tim WallaceMurphy, ur Bridgeman Art Library; 18 ol PD, or PD; 19 or PD, mr Tim WallaceMurphy, ul PD; 20 or Bridgeman Art Library ul PD; 21 or Curbis, mr PD, ml PD; 22 or PD, ul PD; 23 or PD, ul Mary Evans Picture Library; 24 ol Corbis, ur Corbis; 25 ol Tim WallaceMurphy, ur iStock photography, ul PD; 26 or Akgimages, ur FD; 27 o Akg-images, ur iStock photography; 23 or Corbis, ul PD; 29 or PD, ur Corbis, ml Corbis; 30-31 PD; 32 ol Bridgeman Art Library, ur; Mary Evans picture library; 33 ol Topfoto, or PD; 34 or Corbis; 35 ol Corbis, mr iStock photography; 36 ul PD; 37 ol Bridgeman Art Library, or PD, um PD; 38 ol Curbis, ur Tim Wallace-Murphy; 39 ol Corbis, ur Alamy; 40 or Tim Wallace-Murphy, ul Corbis; 41 or iStock photography, um Bridgeman Art Library; 42 ul PD, ur PD; 43 ol Corbis, mr PD; 44 or Corbis, ul PD; 45 ur PD; 46 ol PD, ur PD; 47 ol PD, mr PD; 48 ol Corbis; 49 ol PD, or Corbis, ur PD; 50 ml Tim Wallace-Murphy; 51 or Corbis, ur PD; 52 ol Topfoto, ur Corbis; 53 o Topfoto, mr Mary Evans Picture library, ur Corbis; 54-55 Corbis; 56 ol Corbis, or Corbis; 57 or PD, ul Corbis; 58 ur PD, ul Eridgeman Art Library; 59 o PD, mr Topfoto; 60 ul Corbis; 61 ol PD, or Corbis, ur Bridgeman Art Library; 62 or Corbis. ul PD; 63 or PD, ur Corbis 64 or PD, ul Bridgeman Art Library; 65 ol Bridgeman Art Library or Corbis, ml PD; 66 or Bridgeman Art Library, ul PD; 67 o Corbis. ur PD; 68 or Topfoto, ul Corbis; 69 or Temple Lodge photos, ur Corbis; 7071 Topfoto; 72 or PD, ul PD; 73 ol PD, or PD; 74 or PD, ul PD; 75 or Tim Wallace-Murphy, ul Tim Wallace-Murphy; 76 or iStock photography; 77 ol PD, ur PD; 78 or Bridgeman Art Library, ul iStock photography; 79 or Alamy, ur PD; 80 ol iStock photography, ur PD; 81 o Corbis, mr Corbis, ur Tim Wallace-Murphy; 82 or PD, ul PD; 83 ol Corbis, ur PD; 84 or PD, ul iStock photography; 85 or PD, ul PD; 86 o PD, ul PD; 87 or iStock photography, mr PD; 88 ur iStock photography, ul PD; 89 ol C;orbis, or Tim Wallace-Murphy, ur PD; 90 ol Bridgeman Art Library, ur PD; 91 o iStock photogrphv, mr iStock photography, ur Akg-images; 92 om Corbis, ul Bridgeman Art Library; 93 om iStock photography, or Tim Wallace-Murphy, ul Corbis; 94 or Corbis, ul Akg-images; 95 um Mary Evans picture library; 96 or Tim Wallace-Murphy, ul PD.

Wir haben uns bemüht, alle Lizenzen für das Urheberrecht der Abbildungen zu berücksichtigen, aber in einigen Fällen war es unmöglich, den Inhaber der Rechte zu ermitteln. Der Verlag bittet um Hinweise, um dies bei folgenden Auflagen nachzutragen.

Die Abbildungen werden im Uhrzeigersinn von oben gezählt: o = oben, m = Mitte, u = unten, r = rechts, _ = links, or = oben rechts usw.

Vorhergehende Seite: Eine moderne Darstellung der Eroberung von Montségur in Frankreich im Albigenserkreuzzug. 1244 steckten 10.000 französische katholische Soldaten die Burg in Brand und verbrannten 200 Katharer bei lebendigem Leibe.

Original Title: THE SECRET HISTORY OF KNIGHTS TEMPLAR

Übersetzung: www.textwerkstatt.at/Dr. Mathias R. Hofter
Coverentwurf: Studio Höpfner-Thoma GraphicDesign, Gräfelfing
Coverbild: Getty Images
Druck: DELO tiskarna, Slovenia

www.tosa-verlag.com

Inhalt

TEIL EINS

EINLEITUNG

Die Tempelritter begannen als „Orden der armen Ritter vom Tempel des Salomon“. Der französische Adlige Hugo de Payens gründete ihn 1118 in Jerusalem als ersten militärisch-religiösen Orden der westlichen Kirche. Wer eintrat, legte ein Gelübde ab und verpflichtete sich, nach der Ordensregel zu leben und täglich die Messe zu besuchen. Jedoch statt der Meditation und frommen Werken wie die Benediktiner und Zisterzienser widmete man sich dem Kriegshandwerk im Dienste Gottes und seiner Kirche. Sein ursprünglicher Zweck war der Schutz der Pilger im Heiligen Land, aber mit der Zeit wurde der Orden zu einer respektablen Macht, bevor er 200 Jahre nach seiner Gründung in Ungnade fiel.

RECHTS: Die Tempelritter waren sowohl Mönche als auch Soldaten und sie spielten eine Schlüsselrolle auf vielen Schlachtfeldern der Kreuzzüge.

صدق الله العظيم
اللهم افتح علينا وانت خير الفاتحين

Die Legende

Die Tempelritter waren in den sieben Jahrhunderten seit ihrem Fall von verwirrenden und verstörenden Geheimnissen umgeben. Wer waren sie, wie entstanden sie und warum fielen sie so tief? Was waren ihre Ziele, ihre Werte, womit beschäftigten sie sich? Waren sie wirklich die heldenhaften Beschützer wehrloser Pilger, vorbildliche Kreuzfahrer und Verteidiger des Heiligen Landes an der Seite von Richard Löwenherz? Oder ketzerische Anbeter merkwürdiger Geister? Und waren sie wirklich im Besitz geheimer Schätze wie etwa des Heiligen Grals?

Unten: Fresko aus dem 12. Jahrhundert. Tempelritter beim Aufbruch zur Schlacht von Bouquée gegen Nur ed-Din.

Parallel zu romantischer Verklärung wurden den Templern auch finstere Dinge nachgesagt wie Gottesleugnung oder Totenbeschwörung und Wahrsagerei.

Zu Beginn des 14. Jahrhunderts stellte man sie unter diesen Beschuldigungen vor Gericht und noch heute bezweifeln einige, dass etwas Wahres daran gewesen sei.

OBEN LINKS: Jacques de Molay, der letzte Großmeister der Tempelritter. In den beiden Jahrhunderten ihres Wirkens dienten sie unter 23 Großmeistern. De Molay ist neben dem Gründer Hugo von Payen der bekannteste Kopf des Ordens.

OBEN: Ein Ritter des zweiten Kreuzzugs beim Gebet. Er wurde 1145 vom Papst nach dem Fall von Edessa ausgerufen. Die christlichen Teilnehmer waren überzeugt, dass sie Gottes Werk taten, wenn sie das Heilige Land eroberten.

Andere behaupten weiterhin, dass sie das waren, als was sie erschienen – fromme Soldaten, denen über die Jahrhunderte Mythen und Geheimnisse angedichtet wurden.

DIE VERTRACKTE WAHRHEIT

Einer der Hauptgründe für all diese Widersprüchlichkeit und den Gelehrtenstreit um die Frage, was die Templer wirklich waren und was sie wussten, liegt darin, dass nach ihrer Unterdrückung ein großer Teil der Quellen und Dokumente zerstört wurde. Dieser Mangel an vertrauenswürdiger Überlieferung gab Anlass zu Erzählungen, die den einen widersprüchlich und unzusammenhängend, den anderen glaubhaft und überzeugend erschienen. Jedoch gibt es durchaus literarische und archäologische Zeugnisse, aus denen sich ein Bild ihrer verwickelten Geschichte gewinnen lässt.

Viele der als authentisch überlieferten und akzeptierten „Fakten" über die Templer sind eher Mutmaßungen. Als früheste Quelle gelten die Berichte des Wilhelm von Tyrus (gest. 1186), aber auch sie wurden in Frage gestellt. Nicht viel ist über seine eigenen Quellen bekannt und manches überprüfbare Daten sind ungenau. Als er zu schreiben begann, gab es den Orden bereits seit 50 Jahren und es ist die Frage, ob er allgemein gültige Tatsachen berichtet oder einfach, was die Templer ihm erzählten. Michael der Syrer, der katholische Patriarch von Antiochia (gest. 1199), und der Erzdiakon Walter Map von Oxford (gest. zwischen 1208 und 1210) schrieben ebenfalls über die Templer, aber auch sie lange nach der Gründung. Trotzdem bieten ihre Berichte die grundlegenden und wertvollsten Informationsquellen über den Orden.

Die Gründung

Die Tempelritter wurden nach dem 1099 beendeten ersten Kreuzzug gegründet. Kurz vor 1118 kamen neun einfache Ritter zusammen, um diesen bewaffneten Mönchsorden zum Schutz der Pilger im Heiligen Land zu bilden. Seit diesem Kreuzzug war Jerusalem in christlicher Hand und wieder das Hauptziel von europäischen Wallfahrern, die jetzt ungeachtet der Gefahren, die auf sie lauerten, nach Palästina strömten. Dennoch waren die Christen dort numerisch und militärisch in einer sehr schwachen Position und gerade die Wege nach und um Jerusalem wurden von Räuberbanden unsicher gemacht, die darauf warteten, wehrlose Pilger auszuplündern.

Unten: Gottfried von Bouillon (1061–1100), ein flandrischer Graf, wurde zum ersten König von Jerusalem gewählt. Er zog jedoch den Titel „Verteidiger des Heiligen Grabes" vor.

Die Ritter hatten kein eigenes Geld, keine Uniform, nur gestiftete Kleidung und waren ständig in Verlegenheit um Ausrüstung und Nachwuchs. Sie hingen von dem Wohlwollen und den Zuwendungen von Balduin II. ab, dem König von Jerusalem, dessen Cousin Gottfried von Bouillon 19 Jahre zuvor die Heilige Stadt eingenommen hatte. Nach Gottfrieds Tod 1100 folgte ihm sein jüngerer Bruder Balduin als Verteidiger des Heiligen Grabes und 1118 ihr Cousin Balduin II. Er förderte die Templer und brachte sie in einem Flügel seines Palastes unter, wo sie genug Platz für sich und ihre Pferde hatten. Der Palast und die Behausung der Templer befanden sich an der Stelle des alten Tempels des Salomon und von hier erhielten sie ihren Namen.

Oben: Die Al-Aksa-Moschee auf dem Tempelberg in Jerusalem, bei den Kreuzrittern als Tempel Salomons bekannt. Bis 1187 Hauptsitz der Templer; von dort leiten sie ihren Namen her.

Oben links: Manuskript aus dem 13. Jahrhundert, „Die Blumen Bernhards“. Bernhard wird als Zisterziensermönch an seinem Schreibtisch gezeigt.

Oben rechts: Zisterziensermönche beim Holzspalten. Figürliche Initiale „Q“ in einem Codex des 12. Jahrhunderts der Abtei Cîteaux.

EINFLUSS

Die Templer waren ungewöhnlich, insofern sie sowohl Brüder eines religiösen Orden als auch Soldaten waren. So vereinigten sie die Rolle von Rittern und Mönchen, zwei der Pfeiler der mittelalterlichen Gesellschaft. Sie spielten eine entscheidende Rolle in vielen Schlachten der Kreuzzüge, entwickelten aber auch viele Neuerungen im Finanzwesen und gelten als Begründer des modernen Bankwesen. Zu allgemeinem Ansehen gelangten sie, als Bernhard von Clairvaux zu ihrem Fürsprecher wurde, ein charismatischer und glaubensstarker Zisterziensermönch mit weit reichenden familiären Verflechtungen. 1130 erreichte er mit zahlreichen Bittbesuchen bei einflussreichen Leuten, dass der unpopuläre Innozenz II. zum Papst gewählt wurde. Daraufhin wurde Bernhard zum einflussreichsten Geistlichen seiner Zeit.

Er war verwandt und befreundet mit einigen der ersten Templer und mit Hugo, dem Graf der Champagne – nicht zu verwechseln mit Hugo de Payens, dem Gründe des Ordens. Der Graf war ebenfalls an der Gründung der Templer beteiligt und schenkte Bernhard ein Stück Land im Wermuttal. Dort gründete dieser seine Abtei und nannte die Gegend Clairvaux, Tal des Lichts. Bernhard setzte 1128 die erste Regel der Tempel auf, die auf jener der Zisterzienser beruhte, denen er seit seinem 23. Lebensjahr angehörte. 1139 wurden die Templer offiziell zum Mönchsorden unter dem Schutz der Diözese von Troyes erklärt. Durch Bernhards Einfluss unterstellte sie Innozenz II. allein der päpstlichen Autorität. Bernhard stab am 20. August 1153 und wurde 1174 heilig gesprochen.

DIE ZISTERZIENSER

Sie waren auch bekannt als „Weiße Mönche“, da ihre Kutte aus weißer, ungebleichter Wolle bestand, und wurden 1098 von Robert von Molesme in Cîteaux in Frankreich gegründet. Sie waren ein streng reformierter Zweig der Benediktiner, der von Landarbeit lebte und verschiedene Verbesserungen in die mittelalterliche Bodenbewirtschaftung einführte. Sie führten eine asketisches Leben in abgeschiedenen Gegenden. Die meisten Abteien waren der hl. Jungfrau geweiht.

Oben: Bronzemünze Balduins II. von Jerusalem (1118–1131). Der König und Gönner der Templer ist mit konischem Helm und Kettenpanzer abgebildet.

TEIL ZWEI

DER ORDEN DES TEMPELS

Es gilt inzwischen als sicher, dass der Orden der armen Ritter Christi vom Tempel des Salomon 1118 von Hugo de Payens und seinen acht Gefährten nach dem ersten Kreuzzug gegründet wurde, auch wenn er schon einige Jahre vorher „inoffiziell" existiert haben mag. De Payens stammte aus der Champagne in Frankreich und man nimmt an, dass er Balduin die Dienste seines bewaffneten Mönchsordens anbot. Sein erklärtes Ziel war es, die Wege und Straßen zu sichern und insbesondere für den Schutz der Pilger zu sorgen. Die ersten neun Ritter waren Hugo de Payens, Gottfried von St. Omer, Payne de Montdidier, Archibald von St. Agnan, André de Montbard, Gottfried Bisol und zwei Ritter namens Rossal und Gondamer. Der neunte ist unbekannt, es soll Hugo, der Graf der Champagne, gewesen sein.

RECHTS: Versammlung der Tempelritter am 22. April 1147 in Paris unter Robert dem Burgunder mit Ludwig VII. von Frankreich und Papst Eugen III.

Der erste Kreuzzug

Der erste Kreuzzug wurde von Papst Urban ausgerufen, um die Kontrolle über Jerusalem und den Zugang zu den heiligen Stätten für die Pilger zurückzugewinnen. Die Moslems hatten die Stadt 1076 eingenommen wie auch die Osthälfte des byzantinischen Reiches. Kaiser Alexios II. bat den Papst um Hilfe, der am 27. November 1095 in Clermont seinen Appell an die versammelte Menge richtete: „Christen, brecht auf und helft Euren bedrängten Brüdern im Osten. Bewaffnet euch zur Rettung Jerusalems unter Eurem Anführer Christus. Tragt sein Kreuz als Zeichen. Wenn Ihr den Tod findet, werden Eure Sünden vergeben.“

Menschen aller Altersstufen, Stände und Berufe sammelten sich zum Kampf, mehr als erwartet. Zunächst waren die meisten keine Ritter, sondern Arme, Frauen und Kinder. Viele von ihnen hofften auf Reichtümer im Osten, andere waren von dem glühenden Wunsch beseelt, Jerusalem wiederzugewinnen und durch den Kampf Ablass von ihren Sünden zu erhalten. Andere gingen mit, weil Kreuzfahrer keine Steuern zu bezahlen brauchten.

PETER DER EINSIEDLER

Urban sah den Aufbruch des Heeres für den 15. August 1096 vor, aber zuvor brach eine Bauernarmee auf eigene Faust auf. Ein charismatischer Mönch, Peter der Einsiedler aus Amiens, führte im Frühjahr 100.000 Männer, Frauen und Kinder an. Er behauptete, er habe den Aufruf zum Kreuzzug direkt von Gott empfangen. Bischöfe versuchten, Alte und Kranke zurückzu-

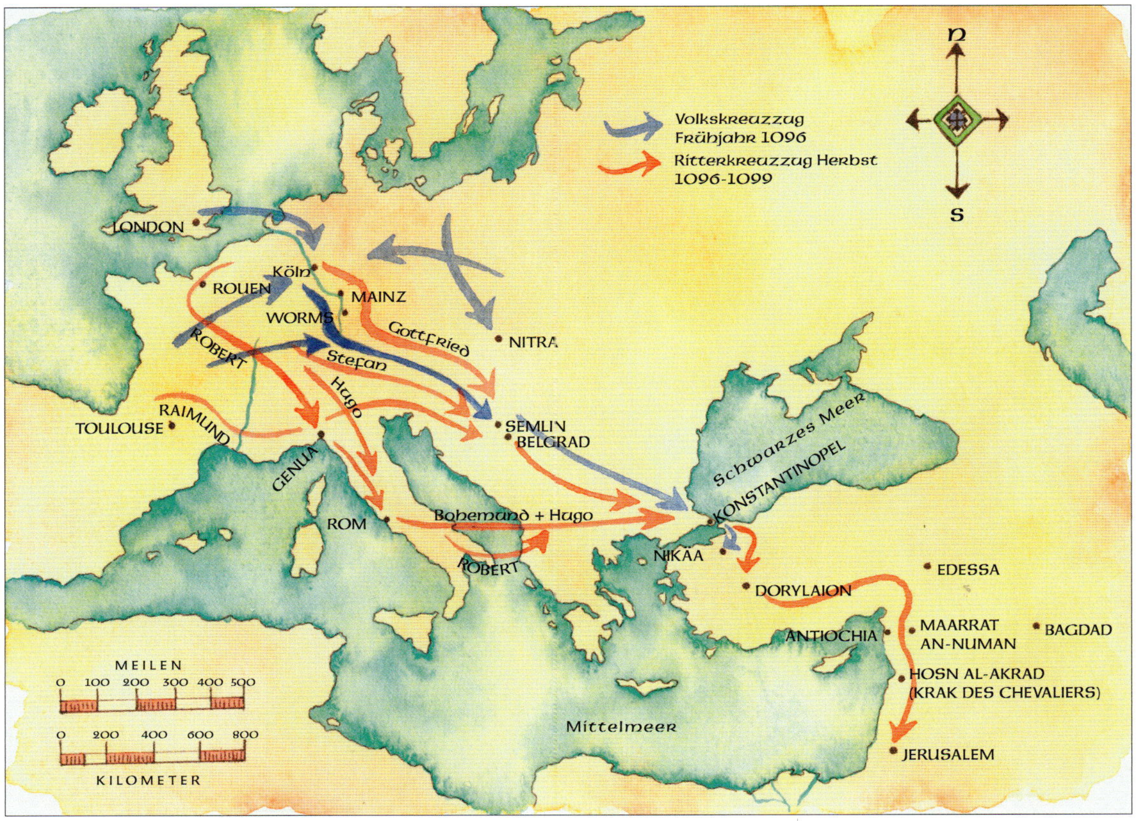

OBEN: Peter der Einsiedler gilt als einer der Hauptanführer des ersten Kreuzzuges. Er richtete seine Predigten nicht nur an Ritter, sondern auch an Tagelöhner und Bauern. Diese armen und militärisch unerfahrenen Laute folgten ihm bereitwillig nach Konstantinopel zum „Volkskreuzzug“.
RECHTS: Karte mit den Routen der offiziellen und inoffiziellen Kreuzfahrer des ersten Kreuzzuges.

„DAS KREUZ NEHMEN“

Wie ein Pilger legte jeder Kreuzfahrer einen Eid, den votus, ab, gegen die Ungläubigen zu kämpfen und Jerusalem zu erreichen. Wenn sie am Ziel waren, durften sie ein Stoffkreuz auf ihre Gewandung nähen; daher rührte der Name „Kreuzfahrer“. „Das Kreuz nehmen“ wurde damit gleichzeitig zum Synonym für die Pilgerfahrt nach Jerusalem.

halten, Mönchen war die Teilnahme verboten, Ehemänner durften nur mit Zustimmung ihrer Frau gehen, aber die wenigsten hielten sich daran.

Diese Bauernarmee hatte von Anfang an einen schlechten Start. Auf ihrem Weg donauabwärts plünderte sie ungarisches Gebiet und wurde von Ungarn und Bulgaren angegriffen, ein Viertel von ihnen getötet. Der Rest vereinigte sich mit weiteren Heeren und erreichte Konstantinopel. Kaiser Alexios, der über die Gäste nicht begeistert war, beförderte sie, so schnell es ging, über den Bosporus. In Kleinasien wurden sie von den Türken aufgerieben, Peter gelang es jedoch, zu überleben und zum Hauptkreuzzug zu stoßen.

DIE NACHWIRKUNGEN

Nach einer strapaziösen und gefährlichen Reise erreichten und eroberten die „offiziellen“ Kreuzfahrer im Sommer 1099 Jerusalem. Das Resultat war die Gründung der vier lateinischen Staaten im Vorderen Orient: die Grafschaft Edessa, das Fürstentum Antiochia, die Grafschaft Tripolis und das Königreich Jerusalem.

DIE FEINDE DER CHRISTEN

Bei den Moslems wurden die Bezeichnungen „Franken“ und „Kreuzfahrer“ zu Schimpfworten und die Kreuzzüge galten als barbarische Angriffskriege der Christen.

In Teilen Frankreichs und Deutschlands gerieten die ansässigen Juden in das Visier zahlreicher Leute, die es für überflüssig hielten, viele tausend Meilen zu reisen, wo doch die angeblichen Feinde der Christenheit direkt vor der Haustür wohnten. Im Sommer 1096 brach ein marodierender Mob in die entgegengesetzte Richtung von Jerusalem auf, um die deutschen Juden zwangszutaufen oder besser gleich zu massakrieren. Auch wenn der Kreuzzug nicht gegen sie ausgerufen wurde und viele Christen sich schützend vor ihre jüdischen Mitbürger stellten, so warfen diese Pogrome doch ein sehr schlechtes Licht auf die ganze Unternehmung.

OBEN: Vincent de Beauvais, *Le Miroir Historial*, 15. Jahrhundert. Einnahme von Antiochia während des ersten Kreuzzugs 1098.

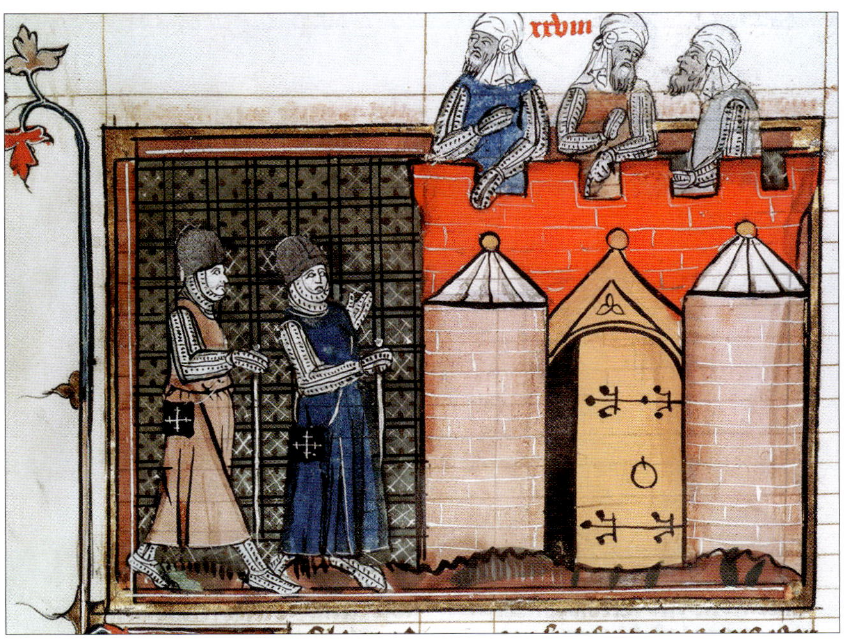

UNTEN: Ein Bild aus dem 14. Jahrhundert zeigt Tempelritter, die durch das offene Stadttor einziehen. Auf den Befestigungen drei sarazenische Krieger.

Bescheidene Anfänge

Nach dem siegreichen Ende des ersten Kreuzzugs wurde einer der Anführer, Gottfried von Bouillon, zum „Verteidiger des Heiligen Grabes“ proklamiert. Den Titel eines Königs von Jerusalem lehnte er ab mit der Begründung, nur Jesus Christus dürfe so genannt werden. Dennoch war damit das Königreich Jerusalem begründet. In Europa nannte man es „Outremer“, das Land jenseits des Meeres.

Unten: Der Felsendom von Westen; man glaubte, die Al-Aksa-Moschee sei über dem Tempel des Salomon errichtet. Die Templer bezogen in einem Teil des Gebäudes ihr Hauptquartier.

Gottfried starb jedoch unerwartet im Herbst 1100. Sein jüngerer Bruder Balduin nahm jetzt den Titel des Königs von Jerusalem an; sein Reich erstreckte sich von Beirut bis zum Roten Meer und war von verschiedenen anderen fränkischen Fürstentümern und Königreichen umgeben. Outremer war jetzt eine Ansammlung von durch europäische Adlige regierten Kleinstaaten, die nach dem westlichen Feudalsystem organisiert waren.

Die Sicherheit der Pilger

Bereits unter der islamischen Herrschaft waren christliche Pilger ins Heilige Land gezogen. Jetzt, da es von Christen regiert wurde, strömten sie in sehr viel größerer Zahl herbei. Obwohl die Städte alle in christlicher Hand waren, waren die Straßen alles andere als sicher; außerhalb der Stadtmauern wurden die Pilger von Räubern und Wegelagerern angegriffen. Ostern 1119 wurden 700 Pilger auf dem Weg zum Jordan von Sarazenen angegriffen, 300 wurden getötet und 60 in die Sklaverei verkauft. Zu diesem Zeitpunkt regierte bereits seit einem Jahr Balduin II., Balduins Nachfolger. Er

Oben: Plünderung Jerusalems nach der Eroberung im ersten Kreuzzug 1099

Rechts: Bei der Aufnahmezeremonie der Templer legte jeder Ritter einen Treueid ab. Auf Grundlage der Zisterzienserregel gelobten sie außerdem Armut, Keuschheit und Gehorsam.

nahm das Angebot von Hugo de Payens und Gottfried von St. Omer an, die Pilger auf ihrem Weg zu den Heiligen Stätten zu bewachen. Da sie auch vorschlugen, als Mönche nach der Regel des hl. Augustinus zu leben, erschienen sie vertrauenswürdiger und zuverlässiger als die üblichen Glücksritter, die ihm ihre Dienste anboten.

Auch wenn dies die geltende Sicht von den Anfängen des Ordens ist, wurde auch behauptet, dass er direkt auf Initiative Balduins oder Warmunds, des Patriarchen von Jerusalem, gegründet wurde. Simon, ein Mönch von St. Bertin, schrieb um 1135–1137 dagegen, die ersten Templer seien Kreuzritter gewesen, die im Heiligen Land bleiben wollten, statt zurück nach Hause zu fahren.

STREIT ÜBER DAS DATUM

Es herrscht keine Einigkeit über das genaue Datum der Gründung. Von Wilhelm von Tyrus und den Templern selber wird 1118 angegeben. Da jedoch im Frankreich des 12. Jahrhunderts das Jahr am 25. März begann, wurde angenommen, dass es nach neuer Zählung bereits 1119 war. Noch merkwürdiger ist ein Brief, den der Graf der Champagne 1114 erhielt, als er sich zur Fahrt ins Heilige Land rüstete; der Bischof von Chartres rügte ihn darin dafür, dass er seine Frau verlassen und gelobt hatte, der „Milice du Christ" beizutreten. Dies war der ursprüngliche Name der Templer, wie sie von Bernhard von Clairvaux genannt wurden. Wenn der Graf der Champagne also den Templern beitreten wollte, muss es sie schon 1114 gegeben haben. Dann könnte 1118 oder 1119 das offizielle Gründungsdatum gewesen sein. Oder der Bischof bezog sich auf eine kleine Gruppe von Christen in Outremer, die den Schutz der Heiligen Stätten übernommen hatten. Denn auch andere Ritter taten sich zusammen, um Kirchen, Klöster und Heiligtümer gegen Räuber zu schützen, ohne dass sie formelle Anerkennung suchten. Es ist aber merkwürdig, dass keine der Chroniken direkt den Beginn des Ordens erwähnt.

Oben: Das Siegel der Templer zeigt zwei Ritter auf einem Pferd als Symbol der anfänglichen Armut des Ordens, der nur ein Pferd für zwei Mann zur Verfügung stellen konnte.

Links: Die Grabeskirche in Jerusalem. Sie wird von vielen Christen verehrt, da sie auf dem Kalvarienberg errichtet sein soll, wo Christus nach dem Neuen Testament gekreuzigt wurde.

Der erste Tempel

Gegen 950 v. Chr. erbaute König Salomon einen Tempel auf dem Stadtberg von Jerusalem. Den Platz hatte sein Vater König David ausgewählt; es soll der Ort gewesen sein, an dem Abraham seinen Sohn Isaak opfern sollte und der seitdem als Tempelberg bekannt ist. Als Abraham das Messer erhob, um seinen einzigen Sohn zu töten, gebot ihm Gott Einhalt. Für diesen Beweis seiner Liebe segnete er Abraham und seine Nachkommen, die Juden.

Oben: Marino Sanudo der Ältere (1260–1338) war ein venezianischer Politiker und Geograf. Seine *Secreta fidelium crucis* (Geheimnisse der Getreuen des Kreuzes) überreichte er 1307 Papst Clemens V. als Handbuch für Kreuzfahrer ins Heilige Land.

Oben rechts: König Salomon überwacht den Bau seines Tempels in Jerusalem. Der Bau des ersten Tempels war eine gewaltige Aufgabe, die von phönizischen Baumeistern umgesetzt wurde; er begann im dritten Jahr von Salomons Herrschaft und dauerte sieben Jahre.

Im Alten Testament wird berichtet, dass nach dem Auszug aus Ägypten Moses auf dem Berg Sinai die Zehn Gebote empfing. Sie waren auf zwei Steinplatten aufgezeichnet und später wurden sie in einer hölzernen Truhe, der Bundeslade, aufbewahrt. 623 v. Chr. ordnete König Josia an, dass sie in den Tempel Salomons verbracht werden sollten.

Der Tempel Salomons wurde zu einem viel besuchten Kultplatz und Wallfahrtsort, bis er 586 v. Chr. vom babylonischen König Nebukadnezar zerstört wurde und die Juden nach Babylon deportiert wurden.

515 v. Chr. eroberte der persische König Kyros Babylon und erlaubte den Juden die Heimkehr, wo sie ihren Tempel neu aufbauten. 167 v. Chr. nach dem Aufstand und Krieg gegen Antiochos IV. von Syrien stellten sie sich selbst unter römischen Schutz.

70 n. Chr. revoltierten die Juden gegen die römische Herrschaft, aber der Aufstand wurde niedergeschlagen und der Tempel ein weiteres Mal zerstört. 312 trat Kaiser Konstantin zum Christentum über und ließ eine Kirche auf dem Tempelberg bauen.

638 n. Chr. fiel Jerusalem in die Hände der Araber und der Kalif Abd al-Malik baute den Felsendom, eine prachtvollen Zentralbau, über dem Tempel Salomons; von dort soll auch der

Prophet Mohammed in den Himmel aufgestiegen sein. Der Bau hieß auch Al-Aksa Moschee und 1118 wandelte ihn König Balduin II. zu seinem Palast um.

DIE ARMEN SOLDATEN JESU CHRISTI

Am Weihnachtstag 1119 legten Hugo und Gottfried in der Grabeskirche ihre Gelübde der Armut, Keuschheit und des Gehorsams vor Balduin und Warmund, dem Patriarchen von Jerusalem, ab. Balduin erlaubte den Rittern, in einem Flügel seines Palastes Quartier zu beziehen. Da dieser über dem Tempel Salomons stand, nannten sich die Ritter die Armen Ritter Jesu Christi vom Tempel des Salomon, dann meist abgekürzt zu Ritter vom Tempel. Sie behielten die Moschee als Hauptquartier für 68 Jahre und andere ihrer Bauten in Europa waren von der Architektur des Tempelberges inspiriert. Auf ihren Siegeln war auch oft der Felsendom abgebildet.

Neben dankbaren Pilgern unterstützte auch Balduin den Orden mit Geld, wovon dieser seine Ausrüstung und seinen Unterhalt bestritt. Neue Mitglieder vermachten ihm außerdem bei ihrem Eintritt ihren weltlichen Besitz und so konnte der Orden wirtschaftlich überleben.

OBEN: Gianbattista Tiepolo (1696–1770), *Opferung Isaaks*. Das Bild zeigt Abraham, der von einem göttlichen Licht und einem Engel daran gehindert wird, seinen Sohn Isaak zu opfern.

OBEN: Das Siegel der Templer sollte für die Echtheit ihrer Dokumente bürgen. Die Rückseite zeigt häufig den Felsendom in Jerusalem.

DIE GRABESKIRCHE

Die Kirche wurde auf dem Grund und Boden erbaut, den die Christen für Golgatha oder den Kalvarienberg hielten und wo Christus nach dem Evangelium gekreuzigt wurde. Auch soll sie die Grabstätte enthalten, in der Christus zu Grabe gelegt wurde.

Die Kirche war seit dem 4. Jahrhundert n. Chr. einer der wichtigsten christlichen Wallfahrtsorte. Heute ist sie der Sitz des orthodoxen Patriarchen von Jerusalem und des katholischen Erzpriesters der Basilika des Heiligen Grabes.

LINKS: Colin de Coter (1455–1540), *Moses teilt das rote Meer.* Moses führt sein Volk aus Ägypten in die Wüste Sinai.

Das neue Rittertum

Über die ersten neun Jahre der Existenz des neuen Ordens weiss man wenig. Man nimmt an, dass er nicht wesentlich über die neun Gründungsmitglieder hinauswuchs und Historiker versuchten sich in Erklärungen dafür. Die Aufgabe, Pilger zu beschützen, muss sehr anstrengend und nicht sehr attraktiv gewesen sein, ebensowenig zog die karge Lebensführung der Templer weitere Novizen an. Andere meinen hingegen, dass sie in geheimen Geschäften tätig waren und weder die Öffentlichkeit noch neue Mitglieder suchten.

Rechts: Ein Stich aus dem 19. Jahrhundert zeigt einen Tempelritter hoch zu Ross, beide in voller Schlachtrüstung.

Unten: Innenansicht der Abtei von Clairvaux, die 1115 von den Zisterziensern gebaut wurde, dem Orden des hl. Bernhard, der auch die Tempelritter sehr förderte. Er wurde später heilig gesprochen. Die Abtei wurde in einem Tal an einem Nebenfluss der Aube nach demselben Grundriss wie alle anderen Zisterzienserklöster gebaut.

Der Orden, der sich sowohl zu religiösen wie zu militärischen Aufgaben gebildet hatte, wurde von der Kirche 1120 auf dem Konzil von Nablus in Palästina anerkannt. Dort wurden von den Adligen auch die ersten Gesetze des Königreichs von Jerusalem niedergeschrieben.

Der erste Novize

Hugo, der Graf der Champagne, reiste zum ersten Mal 1104 ins Heilige Land und blieb vier Jahre. 1114 kam er noch einmal, um der „Milice du Christ" beizutreten. Zurück in Frankreich schenkte er Bernhards Abtei von Clairvaux Land. 1125 schließlich verstieß er seine untreue Frau und enterbte seine Sohn, von dem er annahm, dass er nicht von ihm sei, und übergab die Champagne seinem Neffen Theobald; dann kehrte er endgültig ins Heilige Land zurück, um dem weltlichen Leben zu entsagen und den Templern beizutreten. Hugo de Payens war früher ein Vasall des Grafen gewesen und so haben wir die merkwürdige Situation, dass ihm sein ehemaliger Dienstherr Gehorsam schwor. Es ist nicht klar, wie Hugo von der Champagne ursprünglich an der Gründung des Ordens beteiligt war. Es kann gut sein, dass er bereits während seiner früheren Aufenthalte in Palästina 1104–1108 und 1114–1115 inoffiziell mit dem Orden verbunden war, jedenfalls begleitete er seine Geschichte von Anfang an.

Unten: Gottfried Plantagenet, der Sohn Fulkos von Anjou. Wie sein Vater unterstützte er die Templer und so tat es auch sein Sohn Heinrich II. von England.

Rechts: Vier Ritter des Tempels des Salomon. Im 12. Jahrhundert waren sie hoch geachtet wegen ihrer Tapferkeit und Disziplin.

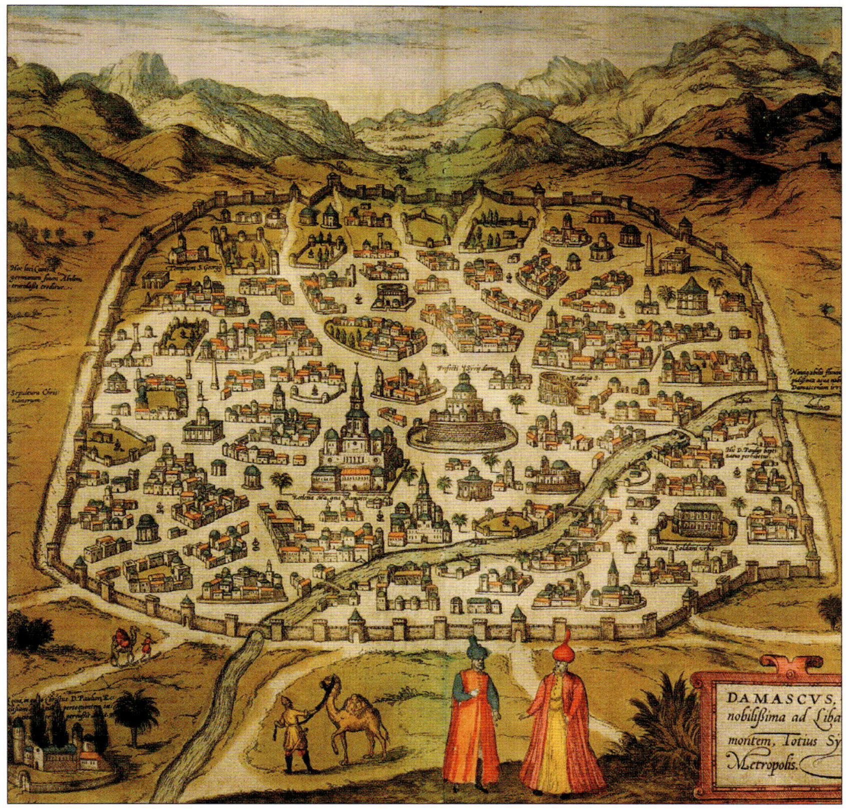

EINE DIPLOMATISCHE MISSION

Zu diesem Zeitpunkt standen die Templer bereits in hohem Ansehen beim König von Jerusalem. 1127 sandte Balduin II. sie in einer wichtigen Mission nach Europa. Er hatte keinen männlichen Erben und so schickte er neun Templer und andere Edelleute nach Frankreich, um Fulko von Anjou zu überreden, seine Tochter Melisande zu heiraten und damit den Thron von Jerusalem nach seinem Tod zu erben. Hugo de Payens, das Oberhaupt des Ordens, hatte noch weitere Anliegen: Ritter für einen Kreuzzug gegen Damaskus zu werben und die volle Anerkennung des Ordens durch die Kirche zu erreichen.

Die Mission war extrem erfolgreich: Fulko kam nach Outremer und heiratete Melisande, ein großes Ritterheer wurde aufgestellt um gegen Damaskus zu kämpfen und Hugo traf Bernhard von Clairvaux.

FULKO VON ANJOU

Fulko von Anjou war mit 38 ein verwitweter reicher Kreuzritter und ein erfahrener Heerführer und so ein geeigneter Kandidat für Jerusalem. 1131 dankte er zu Gunsten seines Sohnes Gottfried als Graf von Anjou ab und übernahm mit Melisande nach dem Tod Balduins auch den Thron von Jerusalem. Seine Gunst und seine Unterstützung für die Templer festigten deren Ansehen. Er gewährte ihnen ein jährliches Einkommen und darin folgten ihm weitere Adlige.

Oben: Stadtplan von Damaskus in Syrien aus dem 16. Jahrhundert. Damaskus widerstand der Belagerung während des zweiten Kreuzzugs 1148. 1154 wurde es jedoch von dem berühmten Nur ed-Din von Aleppo, dem erbitterten Gegner der Kreuzritter, erobert, der es zu seiner Hauptstadt machte. Nach seinem Tod erwarb es Saladin, der Herrscher von Ägypten.

DAS KONZIL VON TROYES

1124/25 HATTE BERNHARD VON CLAIRVAUX DIE UNSICHERE SITUATION DER PILGER IN OUTREMER ERFASST. ER SCHRIEB AN PAPST KALIXT II., DASS DORT STREITBARE RITTER GEFRAGT WÄREN UND NICHT „SINGENDE UND BETENDE MÖNCHE“. DIESE EINSCHÄTZUNG GEHT SEHR WAHRSCHEINLICH AUF SEINEN FREUND HUGO VON DER CHAMPAGNE UND SEINEN ONKEL ANDRÉ DE MONTBARD ZURÜCK, EINES DER GRÜNDUNGSMITGLIEDER DER TEMPLER, DER SPÄTER ZUM GROSSMEISTER GEWÄHLT WURDE.

RECHTS: Französische Buchillustration (1420 bis 1481). Der hl. Bernhard (1090–1153) lehrt in einem Dominikanerkloster. Er war Abt und Gründer des reformierten Zisterzienserordens, für den er die Regeln des hl. Benedikt umgeschrieben hatte. Seine charismatischen Predigten erregten Aufsehen in ganz Europa. Er war die beherrschende Figur der Kirche und gleichzeitig Unterstützer der Templer.

Hugo de Payens hatte an Bernhard mit der Bitte um Unterstützung geschrieben, wahrscheinlich auf Veranlassung von André de Montbard oder Hugo von der Champagne. Der Abt hatte jetzt großen Einfluss und seine Hilfe war unschätzbar.

DIE LATEINISCHE REGEL

Am 13 Januar 1128 versammelte der Papst eine Reihe hochrangiger Kleriker in Troyes, der Hauptstadt der Champagne. Bernhard und diejenigen Templer, die gerade in Europa waren, kamen hinzu.

Das Konzil sollte vornehmlich innerkirchliche Angelegenheiten behandeln, aber wie er es bereits vorher erfolgreich gehandhabt hatte, nutzte Bernhard es für seine eigenen Zwecke. Hugo de Paynes erhob sich und stellte den Templerorden vor und seine Regel, nach der er lebte. Sie umfasste die Gelübde der Armut, Keuschheit und des Gehorsams und schrieb unverzierte Kleidung vor sowie dass die gemeinsamen Mahlzeiten schweigend eingenommen werden mussten.

Nach kurzer Diskussion erließ das Konzil von Troyes unter Bernhards Vorsitz die lateinische Regel der Templer. Ihre 73 Klauseln waren von der Regel der Zisterzienser abgeleitet; sie regelten jeden Schritt im Leben der Templer mit Sonderregelungen für den Militärdienst. Sie schrieben vor, wie Novizen zugelassen würden, ihr Mindest-

RECHTS: Kalixt II., ehemals Guido von Burgund, Papst von 1119 bis 1124, entstammte dem burgundischen Adel. Er war Papst in der Frühzeit der Templer, hatte aber direkt wenig mit ihnen zu tun.

DIE ORDENSTRACHT

Die Regel schrieb einfarbige Kleidung vor: weiß, braun oder schwarz, je nach Rang. Wie bei den Zisterziensern bedeutete weiß Reinheit und Keuschheit. Kein Pelz oder Schmuck war erlaubt, nicht einmal am Zaumzeug der Pferde. Hochmut wurde bestraft: „Wenn ein Bruder aus Hochmut oder Eitelkeit meint, ihm gebühre ein besseres oder schöneres Gewand, so soll er ein schlechteres erhalten." Als Konzession an das Klima in Palästina waren von Ostern bis Allerheiligen leinene Hemden erlaubt. Alle Brüder trugen kurze Haare und eine Mönchstonsur sowie einen Bart.

alter, die Länge der Dienstzeit, Sanktionen und die Liste der Verstöße, die zum Ausschluss führten. Die Brüder sollten zwei Mahlzeiten am Tag schweigend zu sich nehmen, Fleisch war dreimal die Woche erlaubt. Ungewöhnlich war, dass auch verheiratete Männer zugelassen waren, aber nur mit Zustimmung der Ehefrau; sexuelle Beziehungen blieben jedoch verboten.

Sünden und Verstöße gegen die Regel mussten gebeichtet und gebüßt werden. Zum Ausschluss aus dem Orden führten der Verrat seiner Geheimnisse, Kauf und Verkauf der Mitgliedschaft, Totschlag eines Christen, Diebstahl, Fahnenflucht in der Schlacht, Überlaufen zu den Sarazenen und Sodomie. Kleinere Verstöße waren Befehlsverweigerung, Gewalt gegen Ordensbrüder, Verkehr mit einer Frau, unerlaubte Herausforderung zum Kampf oder Veruntreuung von Ordensbesitz.

Oben: Die Kathedrale Peter und Paul in Troyes. Die Arbeit an diesem Juwel gotischer Architektur begann um 1200 und dauerte bis in die Mitte des 16. Jahrhunderts. Troyes war das Zentrum der Champagne und des Zisterzienserordens sowie die Heimat von Hugo de Payens.

Links: Die Templer waren an ihrer auffallenden weißen Kleidung mit dem roten Kreuz erkennbar. Ungewöhnlich war, dass sie weiterhin einen Bart trugen, während die Christen normalerweise nach der Mode glatt rasiert waren.

Das Oberhaupt des Ordens

Der Grossmeister mit Sitz in Outremer war der absolute Herrscher des Ordens. Die Ordensregel forderte völligen Gehorsam ihm gegenüber, aber es gab ebenso strenge Anweisungen für seine Wahl. Ein Ausschuss verdienter Männer wählte einen der ihren zum Vorsitzenden. Nach einer Nacht des Gebets wählte dieser zwei weitere Männer und die ganze Gruppe wiederum zwei neue Mitglieder, bis sie auf zwölf kamen nach dem Vorbild der zwölf Apostel. Ein Kaplan nahm den Platz Christi ein und damit kamen sie auf 13 Mitglieder. Dem Ausschuss gehörten nach Möglichkeit immer acht Ritter, vier Sergeanten und ein Kaplan an und es sollten möglichst viele Nationen vertreten sein. Die Wahl war geheim und erfolgte per Mehrheitsentscheidung.

Rechts: Porträt des letzten Großmeisters Jacques de Molay. Er trat mit 20 dem Orden bei und wurde mit 49 zum Großmeister gewählt; die meiste Zeit verbrachte er in Zypern.

Unten: Porträt von Gualdim Pais, der 1157 zum vierten Templermeister von Portugal wurde. Er gründete 1160 die Burg von Tomar und baute weitere Grenzbefestigungen in Portugal. Er starb 1195 in Tomar.

Der Großmeister des Templerordens war allein dem Papst verantwortlich. Er selbst unterlag aber wie die anderen Brüder auch der lateinischen Regel.

Verschiedene Großmeister waren Berater europäischer Herrscher. Der Großmeister verfügte über vier Pferde, eins mehr als die gewöhnlichen Ritter, und er hatte einen eigenen Sergeanten und einen Diener, der ihm Lanze und Schild trug.

Einmal gewählt amtierte er lebenslänglich. Vertreten wurde er von acht regionalen Templermeistern in Aragon, Apulien, England, Frankreich, Poitiers, Ungarn, Portugal und Schottland.

Mildtätige Gönner

Hugo de Payens, Gründer und erster Großmeister des Ordens, erhielt 1127 Land von Graf Theobald von Blois, dem Neffen Hugos von der Champagne. Im Sommer 1128 wurde er nach England eingeladen, wo er weitere Zuwendungen an Land und Geld erhielt. Bei dieser Gelegenheit begründete Hugo de Payens die erste Komturei der Templer in London. Auf Reisen nach Schottland und Flandern erhielt Hugo weitere großzügige Stiftungen.

Zurück in Outremer musste er feststellen, dass sein Orden nicht allseits willkommen war. Viele Christen glaubten an spirituelle Reinheit, sie verurteilten Gewalt und Blutvergießen und lehnten die Kombination von Mönch und Soldat ab. Um die besondere Rolle des Ordens zu rechtfertigen bat de Payens Bernhard von Clairvaux um eine Verteidigungsschrift.

Als einer der mächtigsten Parteigänger des

DIE GROSSMEISTER
1118–1136 Hugo de Payens
1136–1146 Robert de Craon
1146–1149 Everard des Barres
1149–1153 Bernard de Tromelai
1153–1156 André de Montbard
1156–1169 Bertrand de Blanchefort
1169–1171 Philippe de Milly
1171–1179 Odo de St. Amand
1179–1184 Arnold de Toroga
1185–1189 Gérard de Ridefort
1191–1193 Robert de Sablé
1193–1200 Gilbert Erail
1201–1208 Philippe de Plessiez
1209–1219 Wilhelm von Chartres
1219–1230 Pedro de Montaigu
(???)–1244 Armond de Périgord
1245–1247 Richard de Bures
1247–1250 Wilhelm von Sonnac
1250–1256 Reynald de Vichiers
1256–1273 Thomas Bérard
1273–1291 Wilhelm von Beaujeu
1291–1293 Tibauld de Gaudin
1293–1314 Jacques de Molay

Ordens verfasste Bernhard ein Traktat mit dem Titel „Zum Preise des neuen Rittertums“. In dieser Schrift erläuterte er die Pflicht der Templer, die Waffen für Christus zu erheben, um die Welt vom Bösen zu befreien, was nicht als Sünde gelten könne.

Als einer der angesehensten Kirchenmänner seiner Zeit verfehlten seine Wort ihren Zweck nicht und befestigten einmal mehr de Payens' Stellung. Fromme Spender übereigneten den Armen Rittern weiterhin Geld und Güter in der Hoffnung auf die Vergebung ihrer Sünden.

Links: Der hl. Georg wurde zum Schutzpatron der Soldaten, nachdem er den Kreuzfahrern 1098 bei der Schlacht von Antiochia erschienen war. Bei seinem Kriegszug 1191–1192 in Palästina stellte Richard I. das Heer unter seinen Schutz.

Ganz links: Heinrich II. (1133–1189) war der erste König von England aus der Dynastie der Plantagenet und ein großer Förderer der Templer wie auch sein Sohn und Nachfolger Richard I. Löwenherz.

Links: Die Festung von Kolossi auf Zypern wurde im 13. Jahrhundert gebaut und erhielt im 15. Jahrhundert ihre endgültige Form. Nach dem Fall von Akkon 1291 war Kolossi die Großkomturei der Tempelritter und danach das Hauptquartier der Johanniter.

Päpstliche Bestätigung

Hugo de Payens starb am 24. Mai 1136. Sein Nachfolger Robert de Craon oder Robert der Burgunder betrieb erfolgreich die Anerkennung des Ordens durch den Papst, die er nach drei Jahren als Grossmeister im Amt erreichte. Am 29. März 1139 erliess Papst Innozenz II. eine Bulle mit dem Titel *Omne datum optimum*. Sie erkannte offiziell den Orden der armen Ritter vom Tempel des Salomon an und bestätigte die lateinische Regel und alle Stiftungen, die er bisher erhalten hatte. Der Papst erliess den Templern die Zahlung von Steuern und Zehnten und erlaubte ihnen dagegen, selbst den Zehnten einzuheben, unter der Voraussetzung, dass er als Geschenk und freiwillig gegeben würde. Sie durften ausserdem alle Ländereien aus ihren Eroberungen von den Moslems behalten.

Rechts: Die Krörung Papst Clemens' V. (1305 bis 1314). Er wird oft wegen seines Nepotismus, seiner Geldgier, seiner Schwäche und seiner Intrigen und seiner Rolle als bereitwilliger Vollstrecker bei der Unterdrückung des Templerordens getadelt.

Unten: Treffen de- Tempelritter in Paris am 22. April 1147. Es fand im Kapitel von Paris statt, der lokalen Organisation des Ordens.

Die Bulle *Omne Datum Optimum* war eine ungewöhnliche Verfügung, da sie den Templern große und viele Privilegien einräumte. Ihr folgten zwei weitere Bullen, 1144 *Milites Templi* von Coelestin II. und 1145 *Militia Dei* von Eugen III., die die Rechte und Privilegien der Templer erweiterten. Unter anderem durften sie ihre eigenen Kirchen bauen, ihre Mitglieder in den dazugehörigen Friedhöfen beerdigen und in ihren Besitzungen einmal im Jahr Steuern einheben. Diese Privilegien waren umstritten, viele Europäer sträubten sich, den Kirchenzehnten zu zahlen, und riskierten dafür den Kirchenbann oder Exkommunikation, während die Templer immer reicher wurden.

Dafür oder dagegen

Während der über 200 Jahre der Existenz des Ordens amtierten 37 Päpste. Viele unterstützten und förderten den Orden, andere standen ihm feindlich gegenüber, wie z. B. Clemens V., der maßgeblich zu seinem Fall beitrug. Die meisten verhielten sich wohlwollend und diese päpstliche Protektion machte den Orden der Armen Ritter

Oben: Mosaik von 1140. Christus, die Muttergottes und die Heiligen Kalixt, Laurentius und Papst Innozenz III. mit einem Kirchenmodell.

vom Tempel des Salomon bald zum festen Mittelpunkt des christlichen Lebens im Heiligen Land. Seine Kritiker hatten ihm wenig Machtmittel entgegenzusetzen. In den ersten 20 Jahren seines Bestehens war der Templerorden höher aufgestiegen als jeder andere Orden. Wie es Innozenz II. 1139 geschrieben hatte: „... seit Euer christlicher Orden und seine ehrwürdige Einrichtung in der Welt tätig ist, ... könnt Ihr Euch als ein besonderer Teil von Gottes Ritterschaft betrachten."

DAS ROTE KREUZ

Die frühen Templer trugen in der Schlacht eine Halsberge sowie einen Kettenpanzer mit weißem Überwurf und gepolstertem Lederkoller darunter. Die Beine waren von Kettengeflecht und Eisenschuhen geschützt, der Kopf von einem Kegelhelm. Außerdem trugen sie Schild, Lanze, Schwert, einen türkischen Streitkolben sowie drei Messer – einen Dolch, ein Tischmesser und ein Federmesser. Erst 1147 gestattete ihnen Papst Eugen III., der vorher Mönch in Clairvaux gewesen war, das charakteristische rote Kreuz mit den sich bogenförmig verbreiternden Enden als Abzeichen zu tragen. Es wurde vorn auf der linken Seite des Mantels aufgenäht. Die Ritter trugen einen weißen Mantel, die Sergeanten einen braunen, aber das rote Kreuz war bei allen gleich groß.

ZUSÄTZLICHE MACHT

Die päpstliche Unterstützung beschleunigte den Aufstieg der Templer. Ihr wachsendes Ansehen und die päpstlichen Vorrechte nutzten sie zu ihrem Vorteil, sie bauten zahlreiche Befestigungen im Heiligen Land und stellten die bestausgebildeten und diszipliniertesten Truppen ihrer Zeit. Da viele Gönner sie mit Stiftungen unterstützten, wuchsen ihr Reichtum und ihre Macht.

Oben: Die Templer hatten verschiedene Banner und Wappenschilde. Nach 1147 trugen alle das charakteristische *croix pattée*, oder Templerkreuz, wie diese Form seitdem genannt wird.

Kampf gegen den Unglauben

Auf der Höhe ihrer Macht waren die Templer als Krieger und Mönche ohne Beispiel – die Verkörperung des christlichen Kreuzzuges gegen den Islam. Die Landzuwendungen an den Orden wurden dazu benutzt, das Heilige Land gegen den Unglauben zu beschützen. Die Pilger wurden zu den Heiligen Stätten geleitet, die Templer bauten Befestigungen und ritten Patrouille.

Rechts: Die Eroberung Jerusalems während des ersten Kreuzzugs 1096 bis 1099. 39 Tage belagerten die Kreuzritter die Heilige Stadt, bis sie am 15. Juli 1099 fiel und der Halbmond auf dem Felsendom durch das Kreuz ersetzt wurde.

Unten: Arabisches Manuskript: Sarazenen auf Kamelen und Pferden mit Standarten und Musikanten

Am Rubea-Brunnen zwischen Jerusalem und Jericho bauten die Templer eine Burg, eine Kapelle und ein Rasthaus. Es gab einen Turm der Templer in der Nähe von Jericho, eine Burg und eine Abtei auf dem Gipfel des Mont Quarantine, wo Jesus 40 Tage gefastet haben und vom Satan versucht worden sein soll, und eine Burg bei Jakobs Furt am Jordan, wo er von Johannes getauft worden sein soll. Unglücklicherweise war diese Burg noch nicht fertig, als Saladins Heer sie 1179 angriff. Ohne den äußeren Burgwall konnten die Sarazenen leicht eindringen und die Burg zerstören sowie die Garnison niedermachen.

Erweiterte Verantwortung

In den Jahren nach 1130 übernahmen die Templer die Sicherung der gebirgigen Grenzregion nördlich von Antiochia, dem Amanos-Gebirge. Sie legten eine Reihe von Burgen an, die sie sowohl gegen die Armenier in Kilikien, die byzantinischen Griechen als auch die Moslems bemannten. Die Burgen waren sehr stark befestigt und trugen zum militärischen Ruf der Templer bei.

In Jerusalem bekamen sie die Burg von Latrûn, auch Toron des Chevaliers genannt, die Graf Rodrigo González von Toledo zwischen 1137 und 1141 bauen ließ und dann den Templern übergab. 1149 erhielt der Orden nach dem zweiten Kreuzzug

DAS KÖNIGREICH ARAGON

Die umfangreichste Schenkung in Anerkennung ihrer Verdienste im Kampf gegen die Ungläubigen erwuchs den Templern 1142 von König Alfons von Aragon. Drei Jahre vor seinem Tod bestimmte er, dass sein Reich an die Templer, die Johanniter und die Grabeskirche fallen sollte. Er starb kinderlos, jedoch waren seine Untertanen nicht mit seiner Erbregelung einverstanden und versuchten stattdessen einem seiner Brüder zum Thron zu verhelfen. Der letzte Wille wurde jedoch durchgesetzt und der Orden trat sein Erbe an.

auch die Zitadelle von Gaza, die von Balduin III. und seinen Rittern gegen die von den Moslems gehaltene Stadt Askalon, zehn Meilen nördlich davon an der Küste Palästinas gelegen, gebaut worden war. Balduin überließ sie den Templern als Ausgangspunkt für ihre Kriegszüge gegen Askalon und zur Sicherung der Südgrenze des Königreichs Jerusalem.

DIE ELITETRUPPE

Um 1130 gab es über 300 gut disziplinierte und bewaffnete Tempelritter. Der zunehmende Geldfluss in ihre Schatztruhen trug dazu bei, Sorgen um Nachschub an Waffen, Verpflegung oder Pferden zu zerstreuen.

Innerhalb des Ordens bildeten die Ritter eine Minderheit unter den Sergeanten, Knappen und Dienern, die den Rest stellten. Die Masse des Heeres bildeten dagegen die Turkopolen, hauptsächlich christliche Araber, die als berittene Bogenschützen nach Art der Sarazenen kämpften. Sie waren leichter als die die europäischen Ritter mit Bogen und Lanzen bewaffnet und daher beweglicher. Selbst die Pferde der Templer wurden darauf dressiert, die Feinde zu beißen und zu treten. Die Templer folgten der Devise des hl. Bernhard, nach der eine kleine Streitmacht unter den richtigen Bedingungen einen weit überlegenen Feind schlagen konnte, und ihre Truppen wurden zu einer der Hauptwaffen im Kampf gegen den Islam.

OBEN: Schlacht von La Bocquée in Syrien zwischen dem Tempelritter Hugo von Lusignan und dem Emir Nur ed-Din im zweiten Kreuzzug. Darstellung aus dem 12. Jahrhundert.

LINKS: Stich nach einem bemalten Glas in der Abtei von St. Denis bei Paris mit der Schlacht von Askalon 1099 zwischen Kreuzfahrern und Moslems. Balduin III. eroberte 1153 Askalon.

UNTEN: Glasmalerei mit Kreuzfahrern in der Ste. Chapelle („Heilige Kapelle“) auf der Île de la Cité in Paris.

TEIL DREI

DIE MACHT DES ORDENS

Wer in den Orden eintrat, musste ihm seine weltliche Habe übereignen. So ist es kein Wunder, dass das Vermögen der Templer rasch wuchs. Ein Jahr nach dem Konzil von Troyes verfügten sie bereits über umfangreiche Besitzungen in Frankreich, England, Schottland, Flandern, Spanien und Portugal. Obwohl jedes Mitglied ein Armutsgelübde abgelegt hatte, wuchs der Reichtum des Ordens als Ganzes in beispiellosem Ausmaß. Dank der päpstlichen Bullen konnte der Orden Steuern einheben, brauchte aber keine zu bezahlen. 1147 erlaubte Eugen III. den Templern, das rote Kreuz auf den Mänteln zu tragen. Mit diesem Abzeichen begleiteten die inzwischen mächtigen Ritter König Ludwig VII. von Frankreich zum zweiten Kreuzzug. Bei diesem bekräftigten sie ihren Ruf des Draufgängertums und der Furchtlosigkeit.

RECHTS: König Ludwig VII. von Frankreich (1120–1180) beim Aufbruch zum zweiten Kreuzzug 1147–1149.

DER AUFBAU DES ORDENS

DER GROSSMEISTER WAR DAS OBERHAUPT DES ORDENS UND WAR AUF LEBENSZEIT GEWÄHLT. DA DIE MEISTEN TEMPLER UND DAHER AUCH DIE MEISTEN GROSSMEISTER FRANZOSEN WAREN, HATTEN SIE ZU FRANKREICH IMMER EINE BESONDERE BEZIEHUNG UND DIE FRANZÖSISCHEN KÖNIGE NAHMEN OFT EINFLUSS AUF DIE WAHL DES GROSSMEISTERS. DER SENESCHALL WAR SEIN STELLVERTRETER UND WURDE AUCH GELEGENTLICH ZU SEINEM NACHFOLGER, WIE IM FALLE VON ANDRÉ DE MONTBARD. JEDES LAND HATTE SEINEN EIGENEN TEMPLERMEISTER, DER JEDOCH DEM GROSSMEISTER VERANTWORTLICH WAR.

OBEN: Frühe Templer in Kampfausrüstung. Es werden oft zwei Templer auf einem Pferd dargestellt, um ihr Gelübde zur Armut zu verdeutlichen.

DIE HÖHEREN RÄNGE

Eine Gruppe älterer Offiziere half bei der Organisation und Verwaltung des Ordens. Der Marschall war für das militärische Kommando verantwortlich, ein Untermarschall für die Fußtruppen und die Ausrüstung. Der Bannerträger, der die schwarzweiße Fahne des Ordens trug, und der Drapier waren für die Bekleidung zuständig. Kommandeure verwalteten Land und Besitztümer und die regionalen Meister kümmerten sich um die Einkünfte und den Nachwuchs. Die Kommandeure hatten als persönliches Gefolge zwei Knappen, zwei Fußsoldaten, einen Sergeanten und einen sarazenischen Schreiber.

Wie der Drapier und die Marschälle hatten die Kommandeure vier Destriers (Schlachtpferde) zur Verfügung sowie einen Zelter als Reitpferd. Die Kommandeure der Ritter, Häuser und Landgüter, auch Kastellane genannt, waren für den Betrieb der ihnen anvertrauten Besitztümer und Einrichtungen verantwortlich. Die Kastellane waren normalerweise auch Ritter, aber auch Sergeanten konnten diesen Posten versehen. In letzterem Falle durften sie nur zwei Pferde halten.

DIE AUFNAHME IN DEN ORDEN

Da sie geheim gehalten wurde, umgaben die Initiationszeremonie der Templer zahlreiche Gerüchte. Sie fand immer im Kapitel statt, dem lokalen Zweig der Bruderschaft, und ihre Offenbarung zog den Ausschluss vom Orden nach sich. Sie wurde so vertraulich gehandhabt, weil dem Kandidaten sehr persönliche Fragen gestellt wurden. Während der Zeremonie wurden die Gelübde abgelegt und der persönliche Besitz der Novizen dem Orden übergeben. Natürlich erweckte diese Geheimniskrämerei allerlei Vorbehalte gegen die Templer.

Links: Eine eindrucksvolle Templerburg aus dem 12. Jahrhundert in Ponferrada, Spanien. König Ferdinand II. von Leon überließ 1178 diese blühende Siedlung der Obhut der Templer. An der Stelle einer älteren römischen Festung bauten sie eine Burg, von der aus sie die vorbeikommenden Pilger beschützten.

Oben: Kreuzgang der Kirche des hl. Johannes des Täufers in Treviso in Italien. Das typische Templerkreuz im Relief zeigt, dass an dem Bau auch die Templer beteiligt waren.

DIE UNTEREN RÄNGE

Die militärische Stärke des Ordens beruhte auf Rittern und Sergeanten. Die Ritter waren meist adliger Herkunft und trugen den weißen Mantel mit dem Kreuz. Jeder von ihnen durfte einen Knappen und drei Pferde halten. Die Sergeanten waren bürgerlich und trugen einen schwarzen oder braunen Mantel. Sie hatten nur ein Pferd und keine Knappen. Den Rittern war es nicht erlaubt, sich in der Schlacht zu ergeben, was zusammen mit ihrem Glauben an die himmlische Erlösung ihrer Kampfmoral sehr zugute kam. Andere Brüder verwalteten das Eigentum des Ordens oder taten auf den Landgütern Dienst. Die Kaplane schließlich waren Priester, denen das Seelenheil des Ordens anvertraut war.

Aufgrund der Nachfrage nach kämpfenden Männern verschrieben sich viele Ritter nur vorübergehend dem Orden, um dann wieder ins weltliche Leben zurückzukehren. Die meisten Templer waren ungebildet und Analphabeten wie die meisten Ritter der damaligen Zeit; sie kamen nicht aus dem höheren Adel, sondern aus dem ländlichen Kleinadel. Diejenigen mit einer höheren Bildung waren meist im Bankwesen tätig.

Links: Wenn sie sich nicht in der Schlacht oder bei der Kampfausbildung befanden, mussten die Templer eine einfarbige Gewandung in weiß, schwarz oder braun tragen und einen langen Umhang.

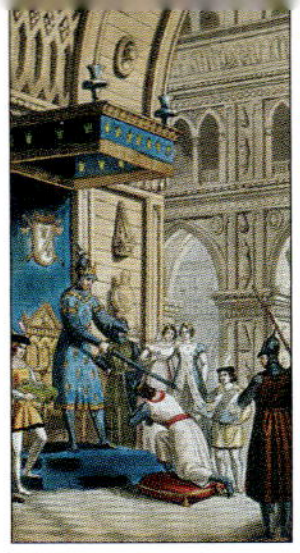

Wachsendes Selbstbewusstsein

Die Templer entwickelten sich schnell von neun Mönchen und Soldaten, die Armut, Keuschheit und Gehorsam gegen Gott und ihren Grossmeister gelobt hatten, zu einer mulinationalen Vereinigung, die in vielfältigen Geschäften und Unternehmen nicht nur im Heiligen Land aktiv war.

Auch wenn ihr Armutsgelübde den Templern persönlichen Besitz verbot, so wuchs doch der Besitz des Ordens während seiner Blütezeit. Durch seine effektive Organisation expandierte der Orden zu einem mächtigen und einflussreichen Konzern. Er wurde zu einer der ungewöhnlichsten Bruderschaften, die je existiert hatten, einer Elite von außergewöhnlichen Kriegern, geschickten Unternehmern und dennoch demütigen Dienern Gottes. Äußerlich fielen sie sofort auf mit ihren merkwürdigen weißen, braunen oder schwarzen Mänteln und den aufgenähten roten Kreuzen und ihren Bärten, zu einer Zeit, wo die westeuropäischen

Rechts: Stich von Gustave Doré (1832 bis 1883), Die vier Anführer des ersten Kreuzzuges – eine für das romantische Mittelalterbild des 19. Jahrhunderts typische Darstellung

Links: Karte des Heiligen Landes während der Kreuzzüge mit den Burgen der Templer und den wichtigsten Schlachtorten.

Links: Alessandro Sanquirico und G. Bramati, *Der Ritterschlag eines Templers*. Das romantische Gemälde beschreibt die Aufnahmezeremonie eines Templers.

Männer meist glatt rasiert waren. Als Organisation legten sie großen Wert auf ihre Unabhängigkeit und ihre Art, die Dinge anzufassen. Sie verfolgten ihre eigene Strategie bei ihrer Aufgabe, das Heilige Land zu beschützen und zu verteidigen.

TOLERANZ UND INTOLERANZ

Jahrzehntelang betrieben die Templer eine sehr vorsichtige Politik im Nahen Osten. Dies schloss auch Verträge mit moslemischen Herrschern ein, was den Verdacht anderer Orden erregte, insbesondere, als sie mit dem Anführer der Assassinen verhandelten, einer fanatischen schiitischen Sekte. Die Templer hatten keinerlei Vorbehalte bei der Verfolgung einer Politik, die ihre Position als Garanten von Sicherheit, Recht und Gesetz in Outremer stärkte. Sie verteidigten die Grenzen nicht nur als Berufssoldaten, sondern auch als Diplomaten und Politiker. Obwohl für die übergroße Mehrheit der Christen eine Allianz mit moslemischen Staaten undenkbar war, wussten die Templer, dass Toleranz notwendig war. Da die Zeit ziemlich intolerant war, war ihre Haltung ungewöhnlich. Aber sie waren pragmatisch; an der Grenze hatten sie alltäglichen Kontakt mit ihren islamischen Nachbarn und konnten keinen dauernden Krieg riskieren. Dies weckte jedoch den Verdacht, sie würden gemeinsame Sache mit dem Feind machen.

EIN BESCHEIDENES LEBEN

Obwohl der Orden unglaubliche Mengen von Reichtum angehäuft und eine machtvolle und disziplinierte Organisation geschaffen hatte, lebten seine einzelnen Mitglieder in Enthaltsamkeit und Demut und individueller Ehrgeiz war bei ihnen verpönt. Sie mussten in Hemd und Rock bei Licht schlafen und ihre zwei Mahlzeiten täglich nahmen sie schweigend ein. Es war verboten, zu streiten oder zu klatschen, und sie hatten keine weltlichen Bequemlichkeiten.

Außerhalb ihrer Hauptorte und der Länder, wo sie im Krieg standen, verwendeten sie keine großen Summen auf repräsentative Schlösser oder großartige Kirchen. Ihre Komtureien, Scheunen, Ställe und Schlafräume waren bescheiden und nur für praktische Zwecke eingerichtet.

Unten: Rundkirche in Nyker auf Bornholm, Dänemark, eine von mehreren Rundkirchen, die die Templer in Dänemark bauten. Das Kegeldach wurde erst einige Jahrhunderte später aufgesetzt.

EIN LEBEN VOLLER OPFER

Ein Tempelritter, der im Westen in den Orden eintrat und dann an die Front im Heiligen Land geschickt wurde, wurde bald von den kargen Lebensbedingungen abgehärtet. Wie die katholischen Mönche waren die Templer zu absoluter Disziplin verpflichtet und jeder Schritt, ob wachend oder schlafend, war geregelt. Der Tageslauf bestand in Beten, Arbeit und Kampfübungen, es gab keine Muße. Durch den Eintritt in den Orden glaubten die Templer, sich von der Versuchung und Verderbtheit der Welt zu reinigen. Ihr Leben war Opfer, Hingabe und Bescheidenheit.

Pioniere des Bankwesens

Recht früh in ihrer Geschichte erwarben sich die Templer den Ruf zuverlässiger Bankiers. Auf sie geht in der Tat das moderne Bankwesen zurück. In ihrer religiösen Überzeugung betrachteten sie die unsterbliche Seele als über das vergängliche irdische Leben erhaben und so waren sie äusserst vertrauenswürdig. Sie verwalteten den immensen Reichtum, der ihnen anvertraut war, geschickt und klug und investierten in Landwirtschaft und Gewerbe. Ihre wirtschaftlichen Neuerungen veränderten das Gesicht des mittelalterlichen Europas.

Unten: Buchillustration aus dem 12. Jahrhundert. Fürst Richard I. von Capua übergibt den Mönchen der Abtei St. Angelo in Formis eine Zuwendung. Stiftungen gingen im Mittelalter normalerweise an Klöster und Kirchen.

Durch die großen Summen, die sie Herrschern in Geldverlegenheit liehen, wurden die Templer zu den Bankiers fast jedes Throns in Europa, selbst bei den Moslems. Insbesondere die französischen Herrscher griffen regelmäßig auf ihre Dienste zurück und brachten sie mehrfach in die Nähe des Bankrotts. Unter der Herrschaft Philipps II. (1180–1223) verwalteten sie praktischen den französischen Staatsschatz. Auch die Kirche lieh sich Geld für ihre aufwändigen Bauprogramme.

Mit ihren vielen Niederlassungen in verschiedenen Ländern organisierten sie auch zu moderaten Gebühren den sicheren Geldtransfer für Kaufleute und Händler, die mehr und mehr von ihnen abhingen. Sie gaben Wechsel aus, die in jeder Niederlassung kassiert werden konnten. Ihre Gebäude waren so gut befestigt, dass sie uneinnehmbar waren, sodass man mit gutem Gewissen dort sein Geld deponieren konnte. Ihre Finanzzentrale war der Temple in Paris.

Mit ihrem kommerziellen Sachverstand entwickelten sie auf Grundlage ihrer Kreditscheine die Urform von Bankkonten sowie von Bank- und Reiseschecks. Die Pilger, die nicht große Summen Geldes auf der Reise mit sich führen wollten, zahlten in der lokalen Templerniederlassung die Summe ein, die sie für die Reise, ihren Unterhalt, Almosen und Stiftungen brauchten, und erhielten eine gesiegelte Quittung. Auf der Reise konnten die Pilger dann gegen diese Quittung bei dem jeweiligen Schatzmeister der Templer abheben, was sie brauchten, und er vermerkte die Abhebung auf ihrer Quittung, die er dem Eigentümer zurückgab. Am Ende der Reise gaben die Pilger die Quittung am Ausgabeort zurück; was sie nicht verbraucht hatten, erhielten sie in bar zurück, hatten sie

Unten: Wilhelm von Argentueil, ein Schatzmeister der Templer. Die Pilger konnten ihre Reise ohne viel Bargeld antreten; stattdessen führten sie einen kodierten Beleg mit sich, einen Vorläufer des Reiseschecks.

Rechts: Fresko aus dem 11. Jahrhundert aus einem Zisterzienserkloster: Der hl. Nikolaus hilft Reisenden in Seenot. Vielen Pilgern erschienen die Templer ähnlich hilfreich wie der Heilige.

dagegen überzogen, mussten sie die Rechnung bezahlen.

GELDVERLEIH

Zu dieser Zeit war es Christen generell verboten, Geld gegen Zinsen zu verleihen, und daher war das Zinsgeschäft traditionell auf die Juden beschränkt. Die Templer fanden jedoch einen Weg, dieses Verbot zu umgehen. Da es erlaubt war, Pacht oder Miete für ein Gebäude oder ein Stück Land zu erheben, bedienten sie sich desselben Mechanismus und hoben eine „Miete" anstelle von Zinsen für ihre Dienste ein. Diese musste im Voraus gezahlt werden und wurde dem verliehenen Kapital zugeschlagen.

ÖFFENTLICHE DIENSTE

Zu den Dienstleistungen der Templer gehörte auch die Zahlung von Pensionen und Renten. Oft erhielten sie Geld oder Land, das aber erst nach dem Tode des Stifters an sie fallen sollte, was diesem zugleich die Rettung seiner Seele und den Schutz der Templer sicherte. Die Funktion als Sicherheitskraft hatte Hugo de Payens schon bei der Gründung ins Auge gefasst; jetzt erstreckte sie sich auch auf ihr Geld und das ihrer Stifter. So war den Reichen und Armen gleichermaßen gedient und die öffentliche Bedeutung der Templer gewann.

Links: Zwei Münzen aus dem 11. und 12. Jahrhundert. Der Goldaugustalis links wurde vom deutschen Kaiser und König von Sizilien Friedrich II. (1194 bis 1250) geprägt. Die byzantinische Goldmünze (rechts daneben) aus dem Jahre 1025 zeigt Jesus Christus.

Die Architektur der Templer

Bald nach der Bildung des Ordens erschien ein neuer Baustil in der Sakralarchitektur Westeuropas. Die ersten Beispiele stehen in Frankreich, wo Kathedralen in gotischem Stil in die Höhe strebten. Möglicherweise waren die Templer an dem Bau und der Finanzierung einiger dieser Kirchen beteiligt. Für die Kathedrale von Chartres wendeten sie zum Beispiel direkt sehr hohe Summen auf, um das Steinmaterial und seinen Transport und die grosse Anzahl von Handwerkern und Steinmetzen zu bezahlen, die nötig waren, um das Bauwerk in dieser kurzen Zeit zu vollenden.

Rechts: Die Kathedrale von Chartres ist eine der größten gotischen Kirchen überhaupt. An den Portalen finden sich zahlreiche Figuren mit Schwertern, Kreuzen und Werkzeugen.

Unten: Das Mittelschiff von Peter und Paul in Troyes mit seinen luftigen und lichtdurchfluteten Spitzbögen.

Wie bei allem, was sie taten, wussten die Templer von Anfang an auch eine solide Bautechnik zu schätzen. Da sie als Autorität nur vom Papst abhingen, konnten sie hier frei experimentieren. Bei der Entwicklung ihrer Geschäftstüchtigkeit nahmen sie Einflüsse von außen auf und genauso verfuhren sie bei ihren Bauten: Sie eigneten sich die Bautechniken der verschiedenen Kulturen an, mit denen sie Kontakt hatten. Ihre Architekten und Zimmerleute waren die besten, die man bekommen konnte.

Darüber hinaus beschäftigten sie lokale Handwerker, die ihr einheimisches Baumaterial, ihren Stil und ihre Techniken verwendeten. Es wird auch behauptet, dass die Templer viele ihrer Bauten auf der Grundlage eines alten geometrischen Systems errichteten.

Die Templer errichteten von Anfang an ihre eigenen Bauten, seit Balduin sie in der Al-Aksa Moschee einquartiert hatte. Dort konnten sie so bauen, wie sie wollten. Der Tempelberg war ihr

Links: Innenraum von Rosslyn Chapel in Schottland. Der Bau soll mit den Templern verbunden sein, obwohl er über 100 Jahre nach ihrer Auslöschung gebaut wurde. Von außen sieht er wie andere gotische Kirchen aus, innen aber ist er mit merkwürdigen und fantastischen Reliefs geschmückt.

Hauptsitz von 1119 bis 1187, als Saladin Jerusalem zurückeroberte und den Felsendom wieder zur Moschee machte. Aber viele der späteren Templerbauten gehen auf den „Tempel Salomons" zurück.

TEMPLERKIRCHEN

1139 verlieh Papst Innozenz dem Orden das einzigartige Privileg, seine eigenen Kirchen bauen zu dürfen und dort auch Friedhöfe anzulegen. Nach dem Vorbild des Felsendoms bauten sie viele ihrer Kirchen als runden Zentralbau. Allerdings waren nicht alle ihre Kirchen Rundbauten, noch stammten alle Rundbauten von den Templern. Eines der schönsten Beispiele dafür aber ist die Temple-Kirche in London.

Im späten 13. Jahrhundert gerieten die Rundbauten aus der Mode wie auch die halbkreisförmigen romanischen Apsiden und Rundbögen, die jetzt durch gotische Formen ersetzt wurden. Die meisten Kirchen der Templer waren klein und ungeschmückt, sie entsprachen den Vorschriften des hl. Bernhard für eine einfache und anspruchslose Architektur. Im Großen und Ganzen sind sie bescheiden im Vergleich zu den prächtigen gotischen Kathedralen derselben Zeit. Manche von ihnen sehen eher wie befestigte Herrenhäuser aus. Innen waren sie üppiger, zum Gefallen Gottes dekoriert mit bemalten Bögen, silbernen, goldenen und elfenbeinernen Kerzenleuchtern und Becken, bunten Freskomalereien und Wandbehängen. Urspünglich waren figürliche Grabsteine innerhalb der Gotteshäuser nicht erlaubt, aber dies wurde mit der Zeit vergessen. Reiche Stifter wurden in der Kirche unter reich dekorierten Grabplatten beigesetzt.

GOTISCHE ARCHITEKTUR

Der Stil entstand im 12. Jahrhundert in Frankreich und verbreitete sich in Windeseile über ganz Westeuropa. Die ersten Kathedralen hatten noch massive Pfeiler und Mauern, ihre Struktur wurde aber von den großen Fenster geschwächt. Im 13. Jahrhundert stützte man sie von außen mit Stütz- und Strebepfeilern, so dass man große, luftige Innenräume errichten konnte, die von großen, buntverglasten Fenstern erleuchtet wurden. Die gotische Architektur errichtete ehrfurchtgebietende himmelwärts strebende Bauwerke.

Links: Der älteste Teil der Temple-Kirche in London, erbaut von 1166 bis 1185 nach dem Vorbild des Jerusalemer Felsendoms. Sie wurde vom Patriarchen von Jerusalem der Jungfrau Maria geweiht. Vor der Reformation war das Innere reich mit Wandbehängen geschmückt und jede Stunde wurde dort eine Messe gelesen.

BAUEN FÜR DIE NACHWELT

DIE TEMPLER WURDEN ZU SEHR FRUCHTBAREN BAUHERREN. SIE BAUTEN BEFESTIGTE BURGEN, LANDGÜTER, WITSCHAFTSGEBÄUDE, SCHEUNEN, STÄLLE UND KIRCHEN SELBST AUF SCHWIERIGEM BAUGRUND WIE SUMPF ODER SAND. SIE BAUTEN SOGAR GANZE STÄDTE WIE BALDOCK IN HERTFORDSHIRE ZWISCHEN 1199 UND 1254, DAS ZU IHREM ENGLISCHEN HAUPTSITZ WURDE. ANGEBLICH WURDE ES NACH BAGDAD BENANNT, WAHRSCHEINLICH ABER NACH „BALD OAK“, „KAHLE EICHE“, DA BAGDAD NIEMALS EINGENOMMEN WURDE.

RECHTS: St. Thyrse, eine Templerkirche des 12. Jahrhunderts in der Champagne. Die Bauten auf rechteckigem Grundriss mit wenig Bauschmuck sind typisch für die Architektur der Templer.

UNTEN: Almourol, eine Burg der Templer von 1171 in Portugal. Die Tempelritter bauten auch die Wehrmauer von Coimbra, der alten Hauptstadt Portugals.

Wie bei jedem ihrer Unternehmen herrschten auch in ihrer Architektur Solidität und praktisches Zweckdenken vor und wie die Zisterzienser suchten sie Funktionalität vor Schönheit. Ihre frühesten Bauten zeigen starke Einflüsse der normannischen Architektur. Die Mauern wurden in solidem Stein aufgeführt und die Fugen mit kleinen Steinen und Mörtel ausgefüllt. Die Komtureien wie Temple Garway in Hertfordshire waren einfach, schmucklos und dauerhaft, ihre Burgen wie die von Athlit bei Haifa oder Tortosa bei Tripolis dagegen die Höhepunkte mittelalterlicher Miltärarchitektur.

TÜRME AUS STEIN

Auch wenn alle Festungen der Templer sehr abweisend aussahen und praktisch uneinnehmbar waren, so wurde doch allein Athlit nie vom Feind erobert. Während der letzten Kreuzzüge entstanden in ganz Europa Templerburgen, die nach außen schwer befestigt waren, aber im Inneren eher Klöstern ähnelten. Die Bauweise der Templer wurde auch von anderen übernommen. Die meisten Burgen, ob neu erbaut oder von den

STILMISCHUNG

Die Templerbauten sind häufig eine erfindungsreiche Verbindung romanischer, byzantinischer und islamischer Traditionen. Sie übernahmen eine Vielzahl von Stilen aus der romanischen Architektur. Ihre Wehrtürme europäischen Typs trugen zur Wehrhaftigkeit und zur eindrucksvollen Silhouette der Burgen bei, die Kuppeln byzantinischen Typs verschönerten die Kultbauten. Der wichtigste Einfluss der islamischen Baukunst auf die der Templer und dann Europas war jedoch der charakteristische Spitzbogen der moslemischen Architekten.

Templern umgebaut wie Almourol und Tomar in Portugal, waren meist auf quadratischem Grundriss errichtet und hatten Rundtürme. Viele Burgen hatten doppelte Wälle mit tiefen Gräben, eine andere ihrer Neuerungen war der Bergfried in der Mitte der Anlage.

SOLIDE UND DAUERHAFT

Der Hauptvorzug der Templerbauten bestand in ihrer Dauerhaftigkeit und Solidität, ob Kirchen, Burgen oder Komtureien.

Ihr gemeinsames Leben war nach praktischen Gesichtspunkten organisiert und diesem Prinzip folgten auch ihre Bauten. Dass so viele ihrer Bauten noch erhalten und so viele ihrer Kirchen noch in Gebrauch sind, beweist das Geschick und die Zuverlässigkeit ihrer Techniker und Bauleute.

So wurde Chastel Blanc in Syrien auf bereits bestehenden Fundamenten in weißem Kalkstein ausgeführt; es überlebte ein Erdbeben, dem alle umgebenden Bauten zum Opfer fielen.

Auf der Höhe ihrer Macht verfügten die Templer über 3.000 gestiftete Landbesitze, von denen viele mit Wehrbauten versehen wurden.

OBEN: Die Burg des Klosters der Christusritter in Tomar, Portugal, die 1160 von Gualdim Pais, dem regionalen Templermeister gebaut wurde. Sie wurde als Festung angelegt auf dem Grundriss des Felsendoms in Jerusalem.

LINKS: Buchillustration von 1270, die den Bau der Abtei St. Geneviève zeigt, ebenfalls eine Konstruktion der Templer.

Militärische Disziplin

Die Templer waren äusserst disziplinierte Soldaten. Ihre Regeln bestimmten praktisch alles in ihrem Leben, bis zur Ernährung und der Länge ihrer Bärte. Sie waren bei den Feinden gefürchtet wegen ihrer ausserordentlichen Kampfkraft. Da sie auf die Erlösung im Jenseits vertrauten, schreckte sie der Tod auf dem Schlachtfeld nicht. Angeblich sollen die Templer nie gefragt haben, wie vielen Feinden sie gegenübertraten. Sie trafen als erste auf dem Schlachtfeld ein und verliessen es als letzte. So waren sie sowohl bei Sultan Saladin als auch bei Richard Löwenherz als tapfere Krieger geachtet.

Rechts: Kreuzritter bei der Schlacht von Askalon am 18. November 1177, bei der König Balduin IV. die Kontrolle über die gesamte Küste Palästinas gewann.

Unten: Die Templer waren auf dem Schlachtfeld berühmt für ihre Tapferkeit, Ritterlichkeit und Disziplin. Da ein Großteil ihrer Zeit mit militärischem Drill ausgefüllt war, waren sie auch die fähigsten Krieger.

Die Templer stellten sowohl Kavallerie wie Infanterie. Die Reiter wussten nicht nur mit dem Bogen und der Lanze umzugehen, ihre schweren Streitrösser bissen und traten den Feind auch, die Infanterie dagegen benutzte die Axt und den Speer. Haupttaktik war der Schockangriff der Kavallerie. Die Infanterie bildete den Schutz, aus dem heraus die Reiter dann alles in ihrem Weg niederritten. Sie gruppierten sich um ihr schwarzweißes Banner, das auch das Zeichen zum Angriff gab. Wenn es verloren war, sammelten sie sich um ein anderes. Es wurde von einem Marschall

getragen, der wiederum von zehn Rittern geschützt wurde, von denen einer ein Ersatzbanner an der Lanze trug.

Die Pferde der Templer

Die Pflege der Pferde war von höchster Wichtigkeit. Sie waren das wichtigste Besitztum der Ritter und gute Streitrösser waren extrem teuer. Es gab verschiedene Typen von Pferden: die schweren Schlachtrösser der Ritter; leichtere, schnellere für die Turkopolen; Zelter als reine Reitpferde und schließlich Packpferde und Maultiere. Sie wurden auf Zuchtfarmen in Jerusalem und Europa gezüchtet, vorwiegend in Frankreich und Spanien. Wie auch sonst gab es bei den Templern strenge Regeln für den

LINKS: Die Belagerung von Antiochia dauerte vom 21. Oktober 1097 bis zum 3. Juni 1098 und wurde im 12. Jahrhundert zur Legende. Dieses Gemälde zeigt den Kampf zwischen Christen und Moslems außerhalb der Stadtmauern.

UNTEN: Die Ermordung von Thomas Becket, dem Erzbischof von Canterbury (1118–1170), durch die Ritter des Königs Heinrich II. Die Buße für dieses Verbrechen bestand im Dienst bei den wohldiziplinierten Templern, die auch Geld von Heinrich erhielten.

Umgang mit Pferden; die einzige Entschuldigung dafür, dass ein Ritter das Gebet versäumte, war, dass er nach seinem Pferd sehen musste. Manche Templer hatten ein eigenes Pferd, aber die meisten standen der Allgemeinheit zur Verfügung und so waren auch alle für sie verantwortlich.

DIE TEMPLER IN DER SCHLACHT

Ihre militärische Professionalität stellten sie viele Male unter Beweis. In der Schlacht standen sie ihren Mann, wenn andere längst aufgegeben hatten. Das Überraschungselement gehörte wesentlich zu ihrer Taktik. 1177 gab es Differenzen zwischen den christlichen Herrschern von Outremer und Saladin versuchte, daraus seinen Vorteil zu ziehen. Er führte eine Streitmacht durch die Wüste Sinai gegen die Templerburg von Gaza. Die Templer zogen dort ihre Kräfte zur Verteidigung zusammen, aber Saladin umging sie und belagerte Askalon. Balduin IV. rückte mit seinem Heer zum Entsatz aus und Saladin bemerkte, dass Jerusalem unverteidigt da lag, und marschierte auf die Heilige Stadt. Balduin sammelte die Templer von Gaza und überraschte Saladin mit seinem nichtsahnenden Heer, der nur mit einem Zehntel seiner Männer nach Ägypten entkam.

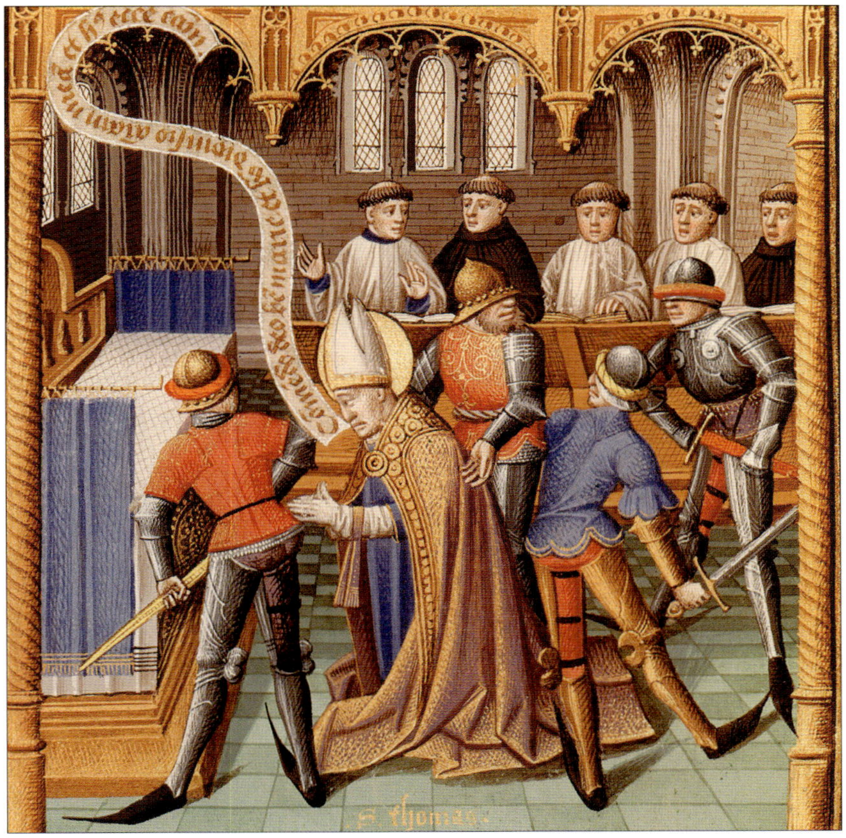

DER MORD AN THOMAS BECKET

Die Templer bemühten sich, die Missverständnisse zwischen Heinrich II. von England und Thomas Becket, dem Erzbischof von Canterbury, zu klären, jedoch ohne Erfolg. Vier Ritter ermordeten ihn im Auftrag des Königs am 29. Dezember 1170 in der Kathedrale von Canterbury. Die Buße, die ihnen dafür auferlegt wurde, waren 14 Jahre Dienst bei den Templern im Heiligen Land. Heinrich versprach auch, die Templer mit Geld für den Unterhalt von 200 Mann im Jahr zu unterstützen, und erwies so dem Orden seinen Respekt.

Der zweite Kreuzzug

Am Weihnachtsabend 1144 fiel die Stadt Edessa an ein Heer unter Imad ad-Din Zengi, den Emir von Mossul. Als der neu gewählte Papst Eugen III. davon erfuhr, schrieb er an Ludwig VII. von Frankreich und bat ihn um einen neuen Kreuzzug, um Edessa wiederzugewinnen. Da Ludwig unbeliebt war und über wenig Verbündete verfügte, weil er drei Jahre zuvor ungesetzlich Teile der Champagne vom Grafen Theobald annektiert hatte, wandte er sich an Bernhard von Clairvaux, der über Ansehen und Macht verfügte.

Rechts: Ludwig VII. (1120–1180) war der erste europäische Monarch, der selbst einen Kreuzzug in die Hand nahm. 1146 folgte er dem Ruf des Papstes zu den Waffen und brach im folgenden Jahr ins Heilige Land auf.

Als mitreißender Prediger und geschickter Diplomat hatte Bernhard von Clairvaux eine starke Position als Berater von Päpsten und Königen und auch enge Verbindungen zu Eugen III. und Heinrich, dem Bruder Ludwigs VII., die beide Mönche in Clairvaux waren. Es gelang ihm auch, Ludwig mit Theobald von der Champagne zu versöhnen.

Das Treffen

Am 31. März 1146 versammelte sich eine große Menschenmenge in Vézelay, wo Bernhard den neuen Kreuzzug predigte. Sie war so groß, dass eine besondere Rednerbühne für Bernhard gebaut werden musste. Nach der Rede wollten Tausende am Kreuzzug teilnehmen und Ludwig war einer der Ersten, die das Gelübde ablegten. Bernhard reiste durch Frankreich und versprach, dass jeder Teilnehmer von seinen Sündenstrafen erlöst würde, und das Heer wuchs schnell an. Eugen bat Bernhard, auch den zögerlichen König Konrad III. von Deutschland zu überzeugen. Bernhards bewährte Überredungskünste verfehlten nicht ihr Ziel und Konrad nahm das Kreuz. Am 27. April 1147 trafen sich Ludwig, Eugen, Bernhard, vier Erzbischöfe und 260 Templer in Paris, wo Eugen dem Orden gestattete, das rote Templerkreuz zu tragen.

Unten: Ludwig VII. bricht in Frankreich zum zweiten Kreuzzug (1147–1149) auf. Bernhard von Clairvaux unterstützte den König bei der Anwerbung der nötigen Männer.

Das Kommando der Templer

Everard des Barres, Großmeister 1146–1149, wurde zu einem der engsten Berater Ludwigs. Das deutsche Heer war bereits vorher in Richtung Heiliges Land ausgezogen und den Franzosen sank der Mut, als sie von der Niederlage der

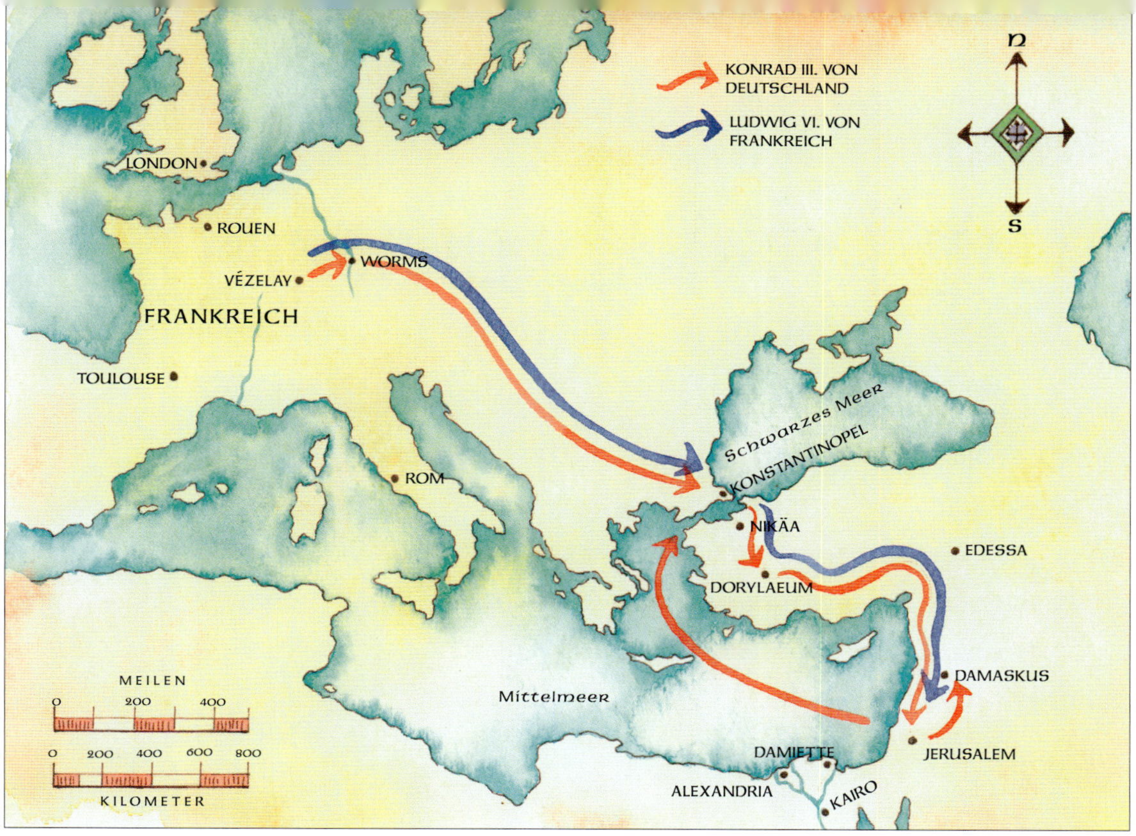

Links: Karte mit dem Verlauf des zweiten Kreuzzugs. Die Heere des deutschen und des französischen Königs marschierten getrennt nach Konstantinopel, wo sie erst einmal vom byzantinischen Kaiser festgehalten wurden. Die Deutschen wurden in Dorylaion von den Türken geschlagen und Konrad zog sich nach Nikaia zurück, bis die Franzosen eintrafen. Mit ihren gelichteten Reihen zogen Konrad und Ludwig nach Jerusalem und starteten den missglückten Angriff auf Damaskus.

Deutschen gegen die Türken in Dorylaion erfuhren. Die schwere fränkische Kavallerie erwies sich als untauglich gegen die berittenen Bogenschützen der Osmanen. Everard teilte daher das Heer in kleinere Gruppen, die jeweils von einem Templer geführt wurden, um eine bessere Kontrolle zu haben.

Als Ludwig und Konrad Jerusalem erreicht hatten, beschlossen sie, Damaskus zu belagern. Die Belagerung zog sich hin und so wechselten die Kreuzfahrer die Stellung. Die neuen hatten allerdings kein Wasser, die Belagerung musste aufgegeben werden. Jeder fühlte sich von jedem hintergangen und Konrad kehrte nach Konstantinopel zurück, während Ludwig in Jerusalem blieb. Schließlich gab die zerfallende Streitmacht die Hoffnung auf und fuhr zurück nach Europa.

Später schrieb Ludwig VII., dass allein die Templer den zweiten Kreuzzug vor einer totalen Niederlage bewahrten. Die politischen Streitigkeiten unter den Kreuzrittern standen in scharfem Kontrast zur Einigkeit der Moslems; allein die Templer handelten geschlossen. Als Ludwigs Mittel bereits nach dem Zug durch Kleinasien aufgebraucht waren, rettete Everard wiederum die Lage. Er reiste am 10. Mai 1148 von Antiochia nach Akkon und bekam genügend Geld zusammen, um den weiteren Fortgang zu finanzieren.

Dennoch verfehlte der zweite Kreuzzug schließlich sein Ziel. Als sein Ausgang in Europa bekannt wurde, war die Reaktion eine Abneigung gegen weitere Unternehmungen dieser Art. Niemand verstand, warum dieser Aufwand so wenig Erfolg hatte. Zwar hatte die bewaffnete Pilgerfahrt mit ihrem Versprechen auf Erlass der Sündenstrafen noch lange nicht ihre Attraktivität eingebüßt, aber das Vertrauen war deutlich erschüttert.

Unten: Ludwig VII. nimmt 1147 in St. Denis die Fahne des Kreuzzugs. Papst Eugen überträgt ihm die Leitung und Königin Eleonore von Aquitanien kniet im Gebet, während der Papst den Kreuzzug segnet.

Saladin

Salah al-Din Jussuf bin Ajub oder kurz Saladin, wie er allgemein bekannt ist, wurde 1138 geboren und war kurdischer Herkunft. Sein Name bedeutet „Rechtschaffenheit des Glaubens". Er war ein intelligentes Kind und mit 14 kam er nach Damaskus, um seine Ausbildung zu vollenden. Er trat in den Dienst von Nur ed-Din, einem grossen arabischen Kriegsherrn und dem zweiten Sohn Imad ad-Din Zengis, der 1144 Edessa erobert hatte. Nur ed-Dins Traum war es, die Moslems zu einer Macht gegen die Christen zu einigen. Er baute viele Medressen und Moscheen in den von ihm beherrschten Städten.

Oben: Ein Gemälde aus dem 20. Jahrhundert zeigt Saladin beim Einzug in Jerusalem nach seiner Wiedereroberung im Oktober 1187.

Saladin zeichnete sich sehr bald in Nur ed-Dins Streitmacht aus und 1169 diente er unter dessen vertrautem General und seinem Onkel Schirkuh. Sie beide vereitelten die Absicht König Amalrichs I. von Jerusalem einer Invasion Ägyptens. Nach Schirkuhs Tod folgte ihm Saladin als Wesir, als hochgestellter Minister, und meisterte die schwierige Aufgabe, Ägypten gegen das Königreich von Jerusalem zu verteidigen. Niemand erwartete, dass er lang in dieser Position bliebe, denn er war jung und Ägypten hatte viele Regierungswechsel gesehen, aber es gelang ihm, die ägyptischen schiitischen Moslems mit dem sunnitischen Kalifen von Bagdad zu versöhnen.

1171 starb der Kalif von Bagdad und Saladin regierte Ägypten im Namen Nur ed-Dins. Er war ein angesehener und geschickter Herrscher, dabei gebildet, kultiviert und erfahren in Kriegführung und Waffenhandwerk.

Nach dem Tod Nur ed-Dins 1174 erklärte er sich zum Sultan Ägyptens und weitete seine Herrschaft systematisch über Damaskus, Syrien, Aleppo und den Irak aus.

Der Kampf gegen die Kreuzritter

1187 bauten die Templer bei Jakobs Furt am Jordan eine Burg, die sich gegen Saladins Herrschaft richtete. Sie sollte sowohl Angriffe

Rechts: Fantasievolles Gemälde aus dem 19. Jahrhundert von Saladin, dem moslemischen Staatsmann und Feldherrn des 12. Jahrhunderts. Er begründete die Dynastie der Ajubiden, die Ägypten, Syrien, den Jemen, Irak, Mekka, Diyarbakir und den Hedschas beherrschte.

Oben: Saladin bei der Schlacht von Hattin 1187. Er ließ sein Heer bei Morgengrauen angreifen; die Christen waren bereits durch Durst und Hitze geschwächt und wurden vernichtend geschlagen. Danach schwand ihre Macht im Heiligen Land.

Saladins abwehren als auch die Verbindung zwischen Ägypten und Syrien stören und unterbinden. 1179 rüstete Saladin für einen großangelegten Angriff auf die Kreuzfahrerstaaten und Jakobs Furt war sein erstes Ziel. Nach fünf Tagen erbitterten Kampfes hatte Saladin mehr als die Hälfte der Besatzung getötet und er ließ die Festung schleifen. Sie war, wie später bekannt wurde, nicht ganz fertig und deswegen verwundbar. 1187 nach der Schlacht von Hattin beim See Genezareth eroberte er Jerusalem zurück. Beim Einmarsch verbot er seinen Soldaten zu plündern, Zivilisten zu töten oder die Stadt zu brandschatzen. Neben seiner Tapferkeit war es seine Menschlichkeit, die seinen Ruhm begründete.

Ein anderes Ergebnis seiner Frömmigkeit und Humanität war die Zitadelle mit dem berühmten Hospital, die er in Kairo erbaute. Es verfügte über großzügige Räumlichkeiten, saubere Betten und geschultes Personal, das die Kranken betreute, und bot freie Verpflegung und Medikation sowie eine separate Abteilung für Frauen. Ein anderes Gebäude mit vergitterten Fenstern schloss sich an für psychisch Kranke, die ebenfalls menschlich behandelt wurden von Experten, die herauszufinden suchten, was mit ihnen geschehen war; eine sehr moderne Haltung, die damals ihresgleichen suchte. Saladin bewunderte den ritterlichen Ehrenkodex seiner christlichen Gegner, die Ritterorden waren ihm jedoch verhasst. Er starb 1193 mit 55 Jahren in Damaskus.

RITTERLICHKEIT UND GRAUSAMKEIT

Bereits zu Lebzeiten bewunderten auch seine Feinde Saladins Mut und Ritterlichkeit. So ließ er die christlichen Gefangenen in den Verliesen von Damaskus mit warmer Kleidung ausstatten und setzte einen Angriff auf die Burg von Kerak in Jordanien aus, solange dort eine Hochzeit stattfand. Er konnte jedoch auch grausam sein. Er ließ schiitische Widersacher kreuzigen und Gefangene verstümmeln oder töten.

Links: Arabische Buchillustration des 10. Jahrhunderts: Araber beim Stockfechten. Saladin schwor, er werde Palästina von den Christen reinigen, und versprach eine Belohnung von 50 Dinar für jeden gefangenen Templer.

RICHARD LÖWENHERZ

RICHARD PLANTAGENET WAR VON 1189 BIS 1199 KÖNIG VON ENGLAND, WO ER JEDOCH NUR SECHS MONATE SEINER HERRSCHAFT VERBRACHTE. SEINE MUTTER WAR ELEONORE VON AQUITANIEN UND ER VERBRACHTE DEN GRÖSSTEN TEIL SEINER JUGEND AN IHREM HOF. SIE WAR MIT LUDWIG VII. VERHEIRATET, DOCH DIESE EHE WURDE NACH DEM ZWEITEN KREUZZUG ANNULLIERT. ACHT WOCHEN SPÄTER HEIRATETE SIE DEN GRAFEN VON ANJOU, DER 1154 ALS HEINRICH II. KÖNIG VON ENGLAND WURDE; SIE HATTEN FÜNF SÖHNE UND DREI TÖCHTER.

OBEN: Richard I. von England (1157–1199). Der Troubadour Bertan de Born nannte ihn Oc-e-Non (Ja und Nein), spätere Autoren jedoch Coeur de Lion (Löwenherz).

Richard war Eleonores dritter und liebster Sohn. Er wurde mit elf Jahren zum Herzog von Aquitanien ernannt, während sein älterer Bruder Heinrich die englische Krone erben sollte. Familienstreitigkeiten sollten ihn von Anfang an sein Leben lang begleiten. Er kämpfte mit seiner Mutter und seinen älteren Brüdern 1173/74 gegen seinen Vater Heinrich von England. Dann kämpfte er mit seinem Vater gegen seine Brüder, die 1183 eine Revolte im Herzogtum seiner Mutter Aquitanien unterstützten. Schließlich unterstützte er Philipp II. von Frankreich, den Sohn des ehemaligen Gemahls seiner Mutter, 1188 gegen seinen Vater. Er war hoch gewachsen und furchtlos und erwarb bald den Ruf eines wagemutigen Kriegers und brillanten Strategen.

DER SALADIN-ZEHNTE

Prinz Heinrich starb 1183 an der Ruhr und sein Bruder Gottfried folgte ihm bald, sodass der englische Thron für Richard frei wurde. 1187 eroberte Saladin Jerusalem und große Teile des Heiligen Landes, 1189 starb Heinrich II. und Richard wurde am 3. September in Westminster gekrönt. Bereits im Dezember plante er den dritten Kreuzzug und stach 1190 mit Philipp II. von Frankreich in See. Um die nötigen Mittel zu beschaffen, erhob er als Steuer den „Saladin-Zehnten". Gemeindepfarrer trieben ihn zusammen mit dem Diakon und einem Tempelritter ein. Wer nicht zahlte, dem drohte die Exkommunikation.

DIE TEMPLER UND LÖWENHERZ

1191 kämpften die Templer zusammen mit Richard gegen Saladin und konnten zweimal beinahe Jerusalem zurückerobern. Der Großmeister Robert de Sablé wurde zu Richards gutem Freund, mit dem er sich gut ergänzte, und die gemeinsamen Streitkräfte schlugen sich sehr erfolgreich unter Roberts kundiger Führung und mit Richards unerschrockener Taktik.

LINKS: 1189 wurde Richard nach dem Tod Heinrichs II. in Westminster zum König von England gekrönt. Das Gemälde zeigt die Krönung und die folgende Prozession.

UNTEN: Eleonore von Aquitanien, Richards Mutter. Sie war sowohl Königin von Frankreich als auch von England und eine der mächtigsten Frauen des Mittelalters.

Inzwischen war Philipp II. nach einem Zerwürfnis mit Richard nach Frankreich zurückgekehrt und plante, Richards jüngeren Bruder Johann auf den englischen Thron zu setzen. Als Richard davon hörte, beschloss er zurückzukehren, aber er wurde von Leopold V. von Österreich gefangengesetzt und erst 1194 vom deutschen Kaiser Heinrich VI. wieder freigelassen. Der Krieg mit Philipp II. brach bis 1198 immer wieder aus und am 6. April 1199 starb Richard an einer Verwundung.

DIE EROBERUNG ZYPERNS

Auf Richards Reise ins Heilige Land geriet eines seiner Schiffe vor Zypern in Seenot und ein anderes mit seiner Schwester Johanna und seiner Verlobten Berengaria von Navarra musste in den Hafen von Limassol einlaufen.

Isaak Dukas Komnenos, ein aufständischer byzantinischer Prinz und selbst ernannter Herrscher Zyperns, war im Bündnis mit Saladin und setzte die Schiffbrüchigen gefangen. Als sich ihre Freilassung hinzog, eroberte Richard kurzerhand Zypern mit Unterstützung der Templer und seiner Adligen. Komnenos bat darum, nicht in Eisen gelegt zu werden, und so ließ ihn Richard in silbernen Ketten in den Kerker werfen. Später kaufte Robert de Sablé Richard die Insel für 25.000 Silbermark ab.

OBEN: Buchillustration aus dem 13. Jahrhundert: links Richard im Gefängnis in Wien, rechts seine tödliche Verwundung vor der Burg von Chalus.

Der dritte Kreuzzug

1174 STARB KÖNIG AMALRICH VON JERUSALEM, DER SEIN KÖNIGREICH MIT SEINEN ERFOLGLOSEN EROBERUNGSZÜGEN GEGEN ÄGYPTEN SEHR GESCHWÄCHT HATTE. IHM FOLGTE SEIN LEPRAKRANKER SOHN BALDUIN IV. MANCHE GLAUBTEN, SEIN AUSSATZ SEI DIE STRAFE DAFÜR, DASS SEIN VATER SEINE COUSINE GEHEIRATET HABE. BALDUIN WURDE VON ERZBISCHOF WILHELM VON TYRUS ERZOGEN, DER AUCH DIE TEMPLERCHRONIK SCHRIEB.

UNTEN: Kreuzritter im Kampf mit den Moslems am 25. November 1177 in der Schlacht von Montgisard.

Im November 1177 schlugen Balduin und die Templer Saladin in der Schlacht von Montgisard bei Ramallah, das vor Jerusalem die moslemische Hauptstadt Palästinas war. Die Kämpfe gingen weiter und im August 1179 fiel die unvollendete Templerburg von Jakobs Furt an Saladin. 1185 starb Balduin und im folgenden Thronfolgestreit brach der Großmeister Gérard de Ridefort einen Balduin geleisteten Eid und brachte infolgedessen die Kreuzfahrerstaaten von Outremer an den Rand des Bürgerkrieges. Im Juli 1187 führte de Ridefort seine Ritter zusammen mit dem Rest des christlichen Heeres in die vernichtende Niederlage bei der Schlacht von Hattin, das zwischen Akko und Jaffa liegt. Die christliche Streitmacht wurde beinahe gänzlich vernichtet und zwei Monate später fiel Jerusalem fast ein Jahrhundert nach seiner Eroberung zurück an die Sarazenen.

DER NEUE KREUZZUG

Europa stand unter Schock und bereitete den dritten Kreuzzug vor, während die Templer im Osten das verteidigten, was noch unter christlicher Kontrolle war. Verschiedene Templerburgen wurden erobert,

RECHTS: Die Anmarschwege zum dritten Kreuzzug 1190–1193. Auslöser war Saladins Sieg bei Hattin 1187. Kaiser Friedrich Barbarossa brach 1189 auf, ertrank aber bereits 1190 in Kleinasien. 1190 brachen Philipp II. von Frankreich und Richard Löwenherz auf, 1191 ergab sich Akko den Kreuzrittern. Philipp II. kehrte bald darauf zurück, Richard schlug Saladin 1191 in der Schlacht von Arsuf, bevor er selbst 1192 nach Europa zurückkehrte.

aber die Hauptsitze bleiben in ihrem Besitz. Dann wurde auch die Stadt Akko erobert und alles schien verloren. Der neue Papst Gregor VIII. verkündete, dass der Fall Jerusalems die Strafe für die Sünden der Christen ganz Europas war. Heinrich II. von England und Philipp II. von Frankreich beendeten ihren Krieg und Balduin, der Erzbischof von Canterbury, unternahm eine Rundfahrt durch Wales, wo er 3.000 Bewaffnete dazu überredete, das Kreuz zu nehmen. Nach Heinrichs Tod 1189 begann sein Thronerbe Richard I. sofort, die Mittel für einen neuen Kreuzzug zu sammeln. Außer ihm und Philipp beteiligte sich auch Kaiser Friedrich I. Barbarossa an dem Unternehmen, das deswegen auch der „Königskreuzzug“ genannt wurde.

RICHARD, SALADIN UND DIE TEMPLER

Richards Zusammenarbeit mit den nicht sehr zahlreichen, aber dafür äußerst disziplinierten Templern funktionierte hervorragend. Er stellte seine Truppen sehr überlegt auf und zum ersten Mal nach der Schlacht von Hattin gelang ihm im Wald von Arsuf bei Jerusalem ein Sieg über Saladins Heer. Die Templer belagerten Akko und am 12. Juli 1191 gab die moslemische Garnison auf. Richard bezog den königlichen Palast und Philipp die zuvor von den Templern gehaltene Zitadelle.

Nachdem Akko an die Kreuzfahrer gefallen war, kehrten viele von ihnen nach Hause zurück, während Richard Löwenherz als anerkannter Führer des verbleibenden Heeres im Heiligen Land blieb. Von seinem Hauptquartier in Jaffa aus begann er Verhandlungen mit Saladin, die allerdings zu keinem Ergebnis führten. Als Richard nach Akko zurückkehrte, nahm Saladin in einem Überraschungsangriff Jaffa innerhalb von nur drei Tagen. Richard schlug jedoch mit zahlenmäßig deutlich unterlegenen Truppen sofort zurück, darunter auch Templern, und besiegte das moslemische Heer. Jetzt einigte man sich in den anschließenden Verhandlungen, dass Richard die Mauern von Askalon schleifen und im Gegenzug Saladin die Besitzungen der Christen an der Küste anerkennen würde. Christen und Moslems konnten sich auf dem gesamten Territorium frei bewegen und die christlichen Pilger durften alle heiligen Stätten besuchen. Am 9. Oktober 1192 brach Richard zurück nach Europa auf. Saladin starb im Jahr darauf.

OBEN: Richard Löwenherz mit seinen Rittern bei der Schlacht von Arsuf nördlich von Jaffa im September 1191.

UNTEN: Buchillustration aus dem 12. Jahrhundert, Kreuzfahrerpropaganda mit der Darstellung Richards I., der Saladin aus dem Sattel wirft. Der Helm, den der Sultan verliert, gibt seine „teuflischen“ Züge frei.

ANDERE ORDEN

DIE TEMPLER WAREN NICHT DER EINZIGE ORDEN IM HEILIGEN LAND. DER EIFER DER KREUZZÜGE BRACHTE WEITERE VEREINIGUNGEN HERVOR, DIE DEN DIENST AM KREUZ MIT DEM AM SCHWERT VERBANDEN. DIE WICHTIGSTEN WAREN DIE JOHANNITER, DIE EINE ERNST ZU NEHMENDE KONKURRENZ ZU DEN TEMPLERN DARSTELLTEN.

OBEN: Stich aus dem 19. Jahrhundert: Ein Johanniter und ein Templer mit christlichen Pilgern. Das Bild zeigt die unterschiedliche Tracht der beiden Ritterorden.

RECHTS: Die Marienburg in Posen, heute in Polen, die 1309 der Hauptsitz des Deutschen Ordens wurde. Sie ist eine der größten gotischen Burgen Europas und wurde im 19. und 20. Jahrhundert mit großem Aufwand restauriert.

Die Johanniter, ursprünglich die Ritter vom Hospital des Heiligen Johannes in Jerusalem und später auch unter dem Namen der Rhodier- oder Malteserritter bekannt, bildeten sich als benediktinischer Orden um 1070 nach dem ersten Kreuzzug; die Gründer waren eine Gruppe von Kaufleuten aus Amalfi in Italien. Wie die Templer kümmerten sie sich um die Pilger im Heiligen Land, aber sie waren kein richtiggehend bewaffneter Orden, sondern vielmehr eine Laienbruderschaft, die arme und kranke Pilger unterstützte. Sie trugen einen schwarzen Mantel mit weißem Kreuz und kämpften meist eng mit den Templern zusammen; beide wurden zu den mächtigsten Ritterorden.

Mitte des 12. Jahrhunderts teilten sie sich in einen militärischen und einen zivilen Zweig, dessen Hauptaufgabe die Krankenpflege blieb. Sie waren wie die Templer nur dem Papst unterstellt, mussten keine Steuern zahlen und unterhielten ihre eigenen Gebäude und Liegenschaften. Auf dem Höhepunkt des Königreichs Jerusalem hatten sie dort sieben Festungen und 140 Landgüter. Ihr erstes Hospiz bauten sie dort, wo ein Engel die Geburt Johannes' des Täufers verkündet hatte.

DER DEUTSCHE ORDEN

Nach dem dritten Kreuzzug wurde ein dritter Ritterorden im Heiligen Land von den deutschen Rittern gegründet, die mit ihm dorthin gelangt waren. Allerdings kehrten viele Mitglieder nach Hause zurück. Einige blieben jedoch in Jerusalem und übernahmen ein Lazarett, das Kaufleute aus Hamburg und Lübeck um 1190 gegründet hatten,

LINKS: *Krak des Chevaliers* („Burg der Ritter", in einer Mischung aus Arabisch und Französisch) in Syrien 780 m über dem Meeresspiegel. Sie gilt als größte Festung der Welt und wurde ursprünglich 1031 vom Emir von Aleppo angelegt. Nach der Eroberung 1099 im ersten Kreuzzug gab sie Raimund II. von Tripolis an die Johanniter.

UNTEN: Der Orden der Ritter von Calatrava wurde 1155 als spanischer Orden von Diego Velázquez geründet, einem Ritter, der Mönch geworden war.

um die Kranken und Verwundeten zu pflegen. Ihre erste Basis in Akko war ein Zelt aus einem Großsegel. Als Ritterorden nannten sie sich der Deutsche Orden; er übernahm die Regeln der Templer; sie trugen einen weißen Mantel mit einem schwarzen anstelle des roten Kreuzes.

KLEINERE ORDEN

Es gab noch weitere Orden im Heiligen Land. Das Hospital des hl. Lazarus wurde nach den Templern und Johannitern gegründet und war für Ritter und Pilger gedacht, die sich mit Lepra infiziert hatten. Es soll aus einem griechischen oder armenischen Lepraasyl in Jerusalem entstanden sein. im frühen 12. Jahrhundert wurde es vom Hospital des hl. Johannes übernommen, das eine ganze Reihe von Lepraasylen in Palästina und Europa gründete, die „Lazarushäuser". Nach der Templerregel sollte jeder Bruder, der mit Lepra in Berührung gekommen war, in den Lazarusorden übertreten.

Die Ritter Unserer Lieben Frau von Montjoie wurden von dem spanischen Grafen Rodrigo gegründet und nach der Burg von Montjoie außerhalb Jerusalems benannt. 1180 wurde er vom Papst anerkannt. Rodrigo vermachte dem Orden Land in Kastilien und Aragon und der König von Jerusalem vertraute ihnen mehrere Türme der Garnison von Askalon an. Nach Problemen mit dem Nachwuchs benannten sie sich 1187 in den Orden von Trufac um. 1221 befahl Ferdinand von Aragon, dass sie im Ritterorden von Calatrava aufgehen sollten.

Der Orden der Ritter vom Hospital des hl. Thomas von Canterbury oder des hl. Thomas von Akko wurden etwa zu derselben Zeit wie der Deutsche Orden gegründet. Diese Ritter begannen mit dem Betrieb eines Hospitals für Engländer und wurden im fünften Kreuzzug zum militärischen Orden.

UNTEN: Stich aus dem 19. Jahrhundert: Großmeister der Johanniter, die 1070 in Jerusalem gegründet worden waren, um kranke Pilger zu pflegen. Bald übernahm der Orden jedoch auch die bewaffnete Eskorte der Pilger.

TEIL VIER

STURZ UND ENDE

Im 13. Jahrhundert kam das Heilige Land mehr und mehr unter die Kontrolle der Moslems. Die Templer kämpften letztlich ohne Erfolg und mit Outremer hatte sie auch ihre Hauptaufgabe verloren. Sie bezogen ihr neues Hauptquartier in Zypern und wandten sich neuen Interessen in Europa zu. Auf ihren Landgüter erprobten sie innovative Methoden des Landbaus und in ihren Hospitälern neue Therapien. Sie erwarben Land zur Bebauung, engagierten sich in Handwerk und Handel und unterhielten eine eigene Flotte. Ihre Aufgeschlossenheit für neue Ideen ging über das damals Übliche hinaus, sodass Gerüchte um ihre sonderbaren Auffassungen aufkamen. Viele waren neidisch auf ihre Erfahrung und ihren Erfolg in finanziellen Dingen und argwöhnisch wegen ihrer Freundschaft mit Juden und Arabern und so begann sich das Unheil zusammenzubrauen.

RECHTS: Buchillustration aus dem *Speculum mundi*, einer Weltchronik des 13. Jahrhunderts. Gezeigt werden der Fall von Akko 1291 und die Abfahrt Heinrichs II. nach Zypern. Akko war von einer Mauer mit zehn Türmen umgeben. Die Moslems griffen mit zahlreichen Belagerungstürmen und Schleudern an und unterminierten die Befestigungen.

DIE LETZTEN KREUZZÜGE

IM 14. JAHRHUNDERT GERIET DAS HEILIGE LAND IN VERGESSENHEIT. BEREITS NACH DEM SCHEITERN DES DRITTEN KREUZZUGS BESTAND IN EUROPA WENIG INTERESSE AN EINEM WEITEREN. DER VIERTE KREUZZUG WAR DER LETZTE, DER VON EINEM PAPST, INNOZENZ III., AUSGERUFEN WURDE. 1202 BRACH ER IN VENEDIG AUF UND SOLLTE ÄGYPTEN ANGREIFEN, STATTDESSEN PLÜNDERTEN DIE KREUZFAHRER 1204 KONSTANTINOPEL UND KAMEN NIEMALS IN PALÄSTINA AN. DIE TEMPLER WAREN HIER KAUM BETEILIGT, IM GEGENSATZ ZUM FÜNFTEN KREUZZUG.

RECHTS: Die Landung der Kreuzfahrer in Damiette im Juni 1218. 1221 mussten sie die Hafenstadt an Ägypten zurückgeben, aber 1249 erschienen sie mit 15.000 Mann und nahmen sie innerhalb von Tagen.

Ein fünfter Kreuzzug wurde 1217 im Temple von Paris ausgerufen und die Templer zusammen mit den Streitkräften der anderen Ritterorden eroberten im Sommer 1218 Damiette. Sie benutzten ihre Flotte sowie andere Flöße und Wasserfahrzeuge, um im wasserdurchzogenen Nildelta zu kämpfen. Sie erkundeten auch zu Pferde die Sümpfe, die ein völlig anderes Schlachtfeld darstellten als das wüstenhafte Gebiet Palästinas, das sie gewohnt waren. Die Einnahme Damiettes verschaffte ihnen eine starke Verhandlungsposition gegenüber den Ägyptern und Sultan al-Kamil bot ihnen Jerusalem im Tausch dagegen an. Die Kreuzfahrer schlugen das Angebot leichtfertig aus, weil sie meinten, dass Jerusalem allein nicht gehalten werden konnte, und sie griffen Kairo direkt an im Glauben auf Verstärkungen, die niemals eintrafen. Die Ägyptern hatten immer noch die Kontrolle über die Wasserwege im Delta und öffneten die Schleusentore, sodass das Kreuzfahrerheer in der Falle saß und Damiette ohne Gegenleistung aufgeben musste.

RECHTS: Buchillustration aus dem 13. Jahrhundert: Die Einnahme von Damiette im fünften Kreuzzug. Die Belagerung begann im Frühjahr 1218 und ungeachtet des Widerstandes des Sultans al-Kamil nahmen sie die Stadt im Sommer desselben Jahres.

Der sechste Kreuzzug endete in einem diplomatischen Erfolg mit der Rückgabe Jerusalems in christliche Hände, wo es noch 15 Jahre verblieb. Der Handel gab jedoch Anlass zur Unruhe unter den Bewohnern von Outremer und ließ Gerüchte von Verrat entstehen. Die beiden folgenden

Kreuzzüge, der siebte und der achte, brachten nach Anfangserfolgen herbe Rückschläge und halfen der Situation in Outremer nicht weiter.

MAMELUCKEN UND MONGOLEN

Die endgültige Zerstörung der Kreuzfahrerstaaten nahm ihren Lauf, als zwei neue Mächte entstanden, die beide gleichermaßen bedrohlich waren: die Mongolen, ein Reitervolk aus Zentralasien, und die Mamelucken, eine Elitetruppe von Kriegersklaven, die als Staat im Staat schließlich die Herrschaft über Ägypten an sich rissen. Die nächstliegende Bedrohung waren die Mongolen und so vergaßen die Kreuzfahrer und Ritterorden ihre inneren Zwistigkeiten und wandten sich zunächst gegen diese. Vernichtend geschlagen wurden die Mongolen jedoch 1260 von den Mamelucken, die sich dann umgehend gegen die Christenstaaten wandten und 1261 zum Angriff übergingen. Sie belagerten eine christlichen Stadt nach der anderen und nahmen Caesarea, Jaffa und Antiochia ein. Im achten Kreuzzug von 1270 handelte Prinz Eduard von England einen zehnjährigen Frieden mit ihnen aus und kehrte 1272 nach England zurück, um den Thron zu besteigen.

DER FALL AKKOS

Nach zehn Jahren versuchte man den Friedensvertrag zu verlängern, aber die Mamelucken hatten kein Interesse daran. Am 5. April 1291 begannen sie Akko zu belagern und am 25. Mai brachen sie in die Stadt ein. Zunächst wurden sie von den Templern zurückgeschlagen, aber dann stach ihr Kommandeur Theobald Gaudin mit dem Templerschatz und so vielen christlichen Frauen und Kindern, wie er retten konnte, nach Sidon in See. Drei Tage später fiel Akko und mit ihm viele Tempelritter bei seiner Verteidigung.

OBEN: Der hl. Franziskus von Assisi (1181–1226) vor Sultan al-Kamil 1219 während des fünften Kreuzzugs. Er zog ins Heilige Land, um den Moslems zu predigen und in Damiette gelangte er durch die Linien zum Sultan. Dieser erklärte ihm, dass die Moslems von ihrem Glauben genauso überzeugt seien wie Franziskus von dem seinen.

LINKS: Miniatur aus dem 11. Jahrhundert: Mongolenhäuptling mit Pfeilen und Bogen. Der Erfolg der Mongolen beruhte auf ihrem Geschick als berittene Bogenschützen und ihrer Beweglichkeit. Sie konnten militärische Operationen auch über große Entfernungen koordinieren und waren äußerst rücksichtslos im Kampf.

DIE SCHWÄCHE DES ORDENS

MITTE AUGUST 1291 NAHMEN DIE MAMELUCKEN DIE LETZTEN HOCHBURGEN DER TEMPLER IM HEILIGEN LAND EIN. OBWOHL DIE TEMPLER DIE LETZTEN WAREN, DIE DEN KAMPF UM DAS HEILIGE LAND AUFGABEN, WURDE IHNEN SPÄTER GERADE DIES ZUM VORWURF GEMACHT. AUCH NACH DEM FALL VON AKKO UNTERSTÜTZTEN SIE WEITER DIE PILGER UND PLANTEN, DIE KONTROLLE ÜBER OUTREMER ZURÜCKZUGEWINNEN. DIE ÖFFENTLICHKEIT WAR WEITERHIN AUF IHRER SEITE, ABER LANGSAM ERHOBEN SICH FRAGEN NACH DER VERANTWORTLICHKEIT UND DEN FEHLERN DER RITTERORDEN, IHREN ZWISTIGKEITEN UND IHRER ÜBERHEBLICHKEIT.

UNTEN: Jacques de Molay, seit 1293 Großmeister des Ordens, im neuen Hauptquartier in Limassol auf Zypern. Von dort aus versuchte er vergeblich, wieder in Outremer Fuß zu fassen.

Die Templer verteidigten weiterhin die christlichen Staaten Armenien und Zypern, halfen Flüchtlingen aus dem Heiligen Land und unterstützten auch die anderen Ritterorden, die ähnliche Verluste zu tragen hatten. Sie stärkten durch ihre kommerziellen Aktivitäten ihre Finanzen und führten ihre wohltätigen Stiftungen und Einrichtungen fort. Jeder Orden übernahm je nach seiner Regel Verpflichtungen gegenüber dem Allgemeinwohl.

Dann jedoch erklärte Papst Nikolaus IV. öffentlich, dass die Rivalität zwischen den beiden Hauptorden dadurch entstanden sei, dass die Johanniter den Templern auf militärischem Gebiet Konkurrenz machen wollten und dies am Verlust des Heiligen Landes schuld sei. Er verfügte, dass sich die Ritterorden vereinigen sollten, was diese entrüstet ablehnten. Ebenso wenig wollten sie als Sündenbock für den Verlust Palästinas herhalten.

OBEN: Papst Bonifaz VIII. (1235–1303) bestätigte den Templern in Zypern dieselben Privilegien, die sie auch in Outremer innehatten.

Rechts: Papst Nikolaus IV. (1288–1292) fühlte sich durch den Fall von Akko 1291 zu einer neuen Kreuzzugsbegeisterung hingerissen. Er behauptete, die Streitigkeiten der Ritterorden seien an der Niederlage schuld, und Templer und Johanniter sollten sich vereinigen. Keiner der beiden Orden wollte jedoch seine Unabhängigkeit aufgeben und beide lehnten es ab, die Fehler anderer zu verantworten.

NEUE BESTÄTIGUNG DURCH DEN PAPST

Theobald Gaudin wurde nach dem Fall Akkos zum Großmeister gewählt. Er starb schon kurz danach und 1293 folgte ihm Jacques de Molay im neuen Hauptquartier des Ordens in Limassol auf Zypern. Er war mit etwa 20 Jahren 1265 dem Orden beigetreten. Er war aufrichtig und illusionslos und glaubte, dass die Templer so schnell wie möglich nach Outremer zurückkehren sollten. 1294 reiste er durch Europa, um Unterstützung dafür zu erhalten, und traf gerade in Rom ein, als der neue Papst Bonifaz VIII. den Thron bestieg. Dieser gewährte den Templern dieselben Privilegien für Zypern, die sie auch in Outremer innegehabt hatten. De Molay war in Kontakt mit allen europäischen Herrschern und von Rom aus bereiste er ganz Italien und fuhr dann nach Paris und London.

UNTERNEHMERISCHES GESCHICK

Trotz der Rückschläge im Heiligen Land fuhren die Templer fort, ihre unternehmerischen, und finanziellen Aktivitäten weiterzuentwickeln und sie verbesserten kontinuierlich ihre fortschrittlichen Methoden im Bankwesen, Landbau und der Architektur. Sie hatten eigene Häfen und Werften, Krankenhäuser, Ärzte und Behandlungsmethoden. So betrachteten sie die Epilepsie als eine behandelbare Krankheit, eine Sichtweise, die die meisten Christen nicht teilten.

Oben: Templer und Johanniter arbeiteten eng zusammen. Ging die Fahne des einen Ordens in der Schlacht verloren, so sammelten sich seine Mitglieder unter der des anderen. Dennoch war ihr Verhältnis nicht konfliktfrei und manchmal äußerte sich ihre Rivalität in offenen Auseinandersetzungen.

ANGRIFFSPLÄNE

Karl II. von Neapel gestattete den Templern, ihren Nachschub an Lebensmitteln zollfrei aus Süditalien zu exportieren. Eduard I. versprach, ein Kreuzfahrerheer auszurüsten, und befreite sie von Steuern, wenn sie ihre Mittel aus dem Temple in London nach Zypern überführen wollten. Andere Vergünstigungen folgten.

Die Templer verhandelten mit den Mongolen, um im Bündnis das Heilige Land wiederzugewinnen. Sie planten Angriffe gegen Städte in Syrien und Ägypten im Sommer 1300. Im November bereiteten sie auf der Insel Ruad vor der syrischen Küste eine Invasion vor und warteten auf Unterstützung. Als im Februar 1301 endlich mongolische und armenische Streitkräfte eintrafen, hatten sie sich schon wieder nach Zypern zurückgezogen.

KÖNIG UND PAPST

PHILIPP IV. WURDE 1268 GEBOREN, 150 JAHRE NACH GRÜNDUNG DER TEMPLER. ER REGIERTE FRANKREICH VON 1285 BIS 1314. ER WAR KALT UND BERECHNEND UND BESTREBT, FRANKREICH UND DAS KÖNIGTUM ZU STÄRKEN. DAZU BRAUCHTE ER GELD UND EINEN SCHWACHEN PAPST. ER PLANTE, DIE RITTERORDEN UNTER SEINER KONTROLLE ZU VEREINIGEN, WOMIT ER VOR ALLEM BEI JACQUES DE MOLAY NICHT AUF GEGENLIEBE STIESS, SO WENIG WIE BEI DEN ANDEREN ORDEN.

In seiner finanziellen Verlegenheit zog Philipp alle in Umlauf befindlichen Münzen ein, um sie mit demselben Nennwert, aber geringerem Gewicht wieder auszugeben. Diese Geldverschlechterung brachte die Bevölkerung gegen ihn auf und er musste vor einer wütenden Menschenmenge im Temple von Paris Zuflucht suchen. Der Temple war eine schwer befestigte Stadtburg in Paris und diente gleichzeitig als Bank, er war auch die Kommanderie der Templer in Frankreich. Diese Erniedrigung war besonders schmerzlich für Philipp, da er als junger Mann einmal die Aufnahme in den Orden beantragt hatte, aber zurückgewiesen worden war. Es ist auch wahrscheinlich, dass er bei seinem unfreiwilligen Aufenthalt des Reichtums der Templer gewahr wurde und dabei den Plan fasste, seine eigenen Finanzen damit zu sanieren.

DER WILLFÄHRIGE PAPST

Clemens V. war ursprünglich Erzbischof von Bordeaux und Untertan König Eduards I. von England, er war aber seit seiner Jugend mit Philipp IV. befreundet. Er kam aus einer vornehmen Familie und seine Erhebung zum Papst verdankte er in

LINKS: Zeichnung aus dem 15. Jahrhundert von Papst Clemens V., der weit mehr gegenüber Frankreich denn gegenüber Rom loyal war. Seine Wahl sollte die Einheit der Kirche befördern, verfehlte dies jedoch. Außerhalb Frankreichs und Englands galt er als Marionette des französischen Königs.

DER DÜNKEL DER TEMPLER

Man glaubte, dass viele Templer übermäßig überzeugt von sich seien. 1207 hatte Innozenz die Bulle *De insolentia Templorum* (Über die Anmaßung der Templer) erlassen, in der er den Orden dafür verurteilte, seine Privilegien missbraucht zu haben, die ihnen von seinen Vorgängern gewährt worden waren. Er warnte davor, dass, wenn sie ihre Art nicht ändern würden, sie zu Agenten des Satans würden. Ähnliche Verweise wurden von seinen Nachfolgern ausgesprochen; Clemens IV. exkommuniziert 1260 sogar den Großmeister Etienne de Sissi.

LINKS: Eduard I. (1239 bis 1307) von England verhandelt mit Bischöfen und Mönchen. Er hatte Jacques de Molay versprochen, ein Kreuzfahrerheer zusammenzustellen, wenn er sich mit Schottland und Frankreich einig wäre. Dies geschah jedoch niemals und er starb bereits 1307.

LINKS: Stich von Philipp IV. von Frankreich, der die Macht des Königtums um jeden Preis stärken wollte. Er erhob Steuern in Höhe eines halben Jahreseinkommens vom französischen Klerus; darauf erließ Papst Bonifaz VIII. die Bulle *Clericis Laicos*, die die Überführung von kirchlichem Besitz an die französische Krone untersagte. Damit begann jedoch die Unterwerfung der päpstlichen unter die weltliche Macht.

erster Linie außerkirchlichen Einflüssen. Philipp setzte sich für ihn ein, weil er meinte, dass er seinen Zwecken dienstbar wäre, und Eduard, weil er der Sohn einer seiner Höflinge war. Clemens ließ sich in Avignon nieder und setzte während seiner ganzen Amtszeit nie eine Fuß nach Rom. Von den zehn Kardinälen, die er in seinem ersten Jahr als Papst ernannte, stammten neun aus Frankreich und einer aus England. Da er seine Wahl Philipps Einfluss zu verdanken hatte, konnte er sich kaum seinen Wünschen verschließen. Und der sehnlichste Wunsch war die Unterdrückung des Ordens der Armen Ritter vom Tempel des Salomon.

DIE DROHENDE ZERSTÖRUNG

Clemens glaubte leidenschaftlich daran, das Heilige Land für die Christenheit wiedergewinnen zu können, und war überzeugt, dass ein Kreuzzug unter dem König von Frankreich sicher gelingen würde. Philipp bestärkte ihn in dem Glauben und war selbst der Ansicht, dass sich ihm nichts in den Weg stellen könnte, wenn er einmal an der Spitze der vereinigten Ritteroden stünde. Pierre Dubois, ein Jurist aus der Normandie, entwarf im Dienst des Herrscherhauses einen Plan für einen Kreuzzug unter französischer Führung. Zentraler Punkt war die Vereinigung von Templern und Johannitern und die Kontrolle ihrer Mittel durch Philipp IV. Am Ende fügt Dubois etwas zweideutig hinzu, dass es nötig sein könne, „den Orden der Templer vollständig zu zerstören und im Namen der Gerechtigkeit endgültig zu vernichten".

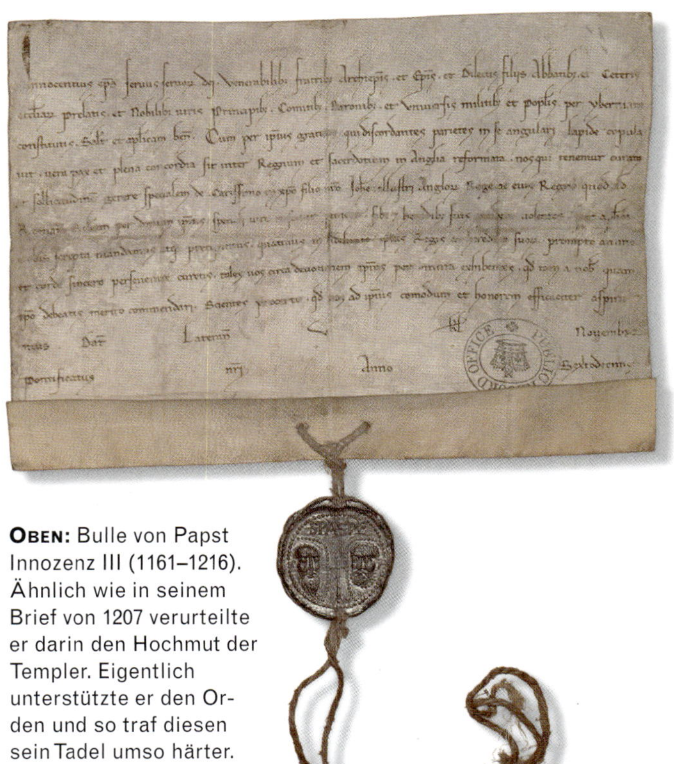

OBEN: Bulle von Papst Innozenz III (1161–1216). Ähnlich wie in seinem Brief von 1207 verurteilte er darin den Hochmut der Templer. Eigentlich unterstützte er den Orden und so traf diesen sein Tadel umso härter.

FEINDE IM INNEREN

FAST 200 JAHRE WAREN DIE ARMEN RITTER VOM TEMPEL DES SALOMON DIE VERKÖRPERUNG DER CHRISTLICHEN KREUZZÜGE GEGEN DEN ISLAM GEWESEN. SIE HATTEN EIN STEHENDES HEER IN ZAHLREICHEN BEFESTIGTEN GARNISONEN IN GANZ OUTREMER UNTERHALTEN. NACH DEM VERLUST DES HEILIGEN LANDES MUSSTEN SIE FESTSTELLEN, DASS SIE DAMIT AUCH EINEN WESENTLICHEN TEIL IHRER DASEINSBERECHTIGUNG VERLOREN HATTEN. AUSSERDEM MUSSTEN SIE JETZT, NACHDEM SIE NICHT MEHR GEGEN DIE UNGLÄUBIGEN KÄMPFTEN, FESTSTELLEN, DASS IHRE GRÖSSTEN FEINDE SICH DIREKT VOR IHRER HAUSTÜR BEFANDEN.

RECHTS: König Jaime II. von Aragon bekam im Oktober 1307 einen Brief von Philipp IV. von Frankreich mit der Aufforderung, die Besitztümer der Templer zu beschlagnahmen.

Nach dem Verlust des Heiligen Landes waren die Templer sehr viel verwundbarer als früher und in verschiedenen Gegenden wuchs das Ressentiment gegen sie. Manchen erschien ihre Geheimniskrämerei mit ihren geheimen Aufnahmezeremonien verdächtig. Außerdem dienten sie als verschwiegene Botschafter für Päpste und Könige, da sie selten angegriffen wurden und auf ihre Diskretion Verlass war. Andere stießen sich an ihrem Reichtum. Auch wenn die meisten sie respektierten und achteten, erweckte ihr kommerzieller Erfolg doch Neid. Manche fragten sich, warum sie jetzt nach den Kreuzzügen noch so viele Privilegien genossen. Aber dieser Groll hatte wenig Erfolgschancen, da nach einem Erlass der Kirche jeder Angriff gegen die Templer als einer gegen das Papsttum selber galt. Der Papst war jedoch nicht immun gegen Verleumdungen.

RECHTS: Fresko aus dem frühen 14. Jahrhundert; Philipp IV. (1268–1314), seit 1285 König von Frankreich. Er war außergewöhnlich fromm, ein geschickter Jäger und ein vollendeter Ritter und untröstlich über den Tod seiner Gattung Johanna von Navarra 1305. Da die Templer nur dem Papst verantwortlich waren, konnte Philipp auf legalem Weg nur über die Anklage wegen Zauberei und Ketzerei an ihre Reichtümer herankommen.

1303 sandte Philipp IV. von Frankreich eine Streitmacht aus, um Papst Bonifaz VIII. festzunehmen und ihn in Frankreich wegen Ketzerei, Sodomie und Mord an seinem Vorgänger Coelestin V. vor Gericht zu stellen. Die Templer und Johanniter seiner Leibwache schlugen den Angriff ab, aber einen Monat später starb der Papst.

PHILIPP DER SCHÖNE

Philip IV. der Schöne sah gut aus und war außerordentlich fromm, aber auch laufend knapp bei Kasse. Im Juli 1306 verhaftete er die Juden, beschlagnahmte ihren Besitz und vertrieb sie aus Frankreich. Er hob vom französischen Klerus die Hälfte seines Jahreseinkommens als Steuern ein, und 1311 verhaftete er die in Frankreich lebenden lombardischen Bankiers und beschlagnahmte ihre Einlagen, bevor er sie auswies.

DIE BESCHULDIGUNGEN

Die Höchststrafe für einen Templer war der Ausschluss vom Orden. Der Ausgeschlossene hatte die Pflicht, bei den Zisterziensern einzutreten, die immer schon ein enges Verhältnis zu den Templern gepflegt hatten; auf diese Weise konnte er als Mitglied eines nicht kämpfenden Ordens seine Seele retten. Einige ausgeschlossene Ritter – Esquin de Floyan, der Obere von Montfaucon, Bernhard Pelet, der Obere von Mas-d'Agenais und ein Ritter aus Gisors, Gerhard von Byzol – denunzierten die Templer bei Jaime II. von Aragon. Dieser ließ sich nicht beeindrucken, und so zogen sie weiter zu Philipp von Frankreich, bei dem ihre Verleumdungen ein offenes Ohr fanden.

Nach der Thronbesteigung von Papst Clemens V. 1305 kam wieder die Idee einer Vereinigung der Templer und Johanniter auf und die Großmeister der beiden Orden Jacques de Molay und Fulko de Villaret begaben sich in dieser Sache zum Papst nach Poitiers. Dort brachte Jacques de Molay auch gewisse Vorwürfe gegen die Templer zur Sprache und bat den Papst, eine Untersuchung anzustrengen, um solchen Anklagen ein für alle Mal den Boden zu entziehen und den Ruf des Ordens wiederherzustellen. Im August 1307 schrieb Clemens an Philipp den Schönen, dass er über die Vorwürfe gegen die Templer tief betrübt sei und sie kaum glauben könne, aber der Sache nachgehen wolle.

OBEN: Papst Bonifaz VIII. geriet mit Philipp IV. in Streit wegen der Besteuerung des französischen Klerus und exkommunizierte ihn 1308. Daraufhin wollte Philipp ihn durch seine Soldaten festsetzen lassen.

LINKS: Philipp IV. wurde mit 17 König von Frankreich. Er rechnete aus, dass er 300 Jahre brauche würde, um die von seinem Vater geerbten Schulden zurückzuzahlen. Zur gleichen Zeit musste auch der Krieg gegen England bezahlt werden.

DIE VERHAFTUNGEN

CLEMENS V. BAT PHILIPP, MIT DEN UNTERSUCHUNGEN GEGEN DIE TEMPLER ZU WARTEN, BIS ER VON EINER KRANKHEIT GENESEN SEI. PHILIPP IGNORIERTE DIE BITTE UND AM FREITAG, DEM 13. OKTOBER 1307, VERHAFTETEN SEINE HÄSCHER IN EINER ÜBERRASCHENDEN NACHT- UND NEBELAKTION ÜBER 5.000 TEMPLER IN FRANKREICH, DARUNTER JACQUES DE MOLAY IM TEMPLE VON PARIS. SEITDEM GILT FREITAG DER 13. ALS UNGLÜCKSTAG. DIE ANKLAGEN LAUTETEN AUF KETZEREI, SODOMIE, GOTTESLÄSTERUNG UND VERLEUGNUNG CHRISTI.

RECHTS: Geschmückte Initiale um 1350: Narr, der Gott verleugnet. Zu der Zeit war man der Ansicht, dass niemand bei Verstand Gott verleugnen würde, also mussten die Templer Narren sein.

UNTEN: Buchillustration aus dem 14. Jahrhundert: Verhaftete Templer vor Papst Clemens V. und König Philipp IV., wo sie ohne den Druck der Folter ihre Unschuld beschworen.

Philipps Aktion wurde in Westeuropa mit Unverständnis und Bestürzung zur Kenntnis genommen. Die italienischen Autoren dieser Zeit waren überzeugt, dass Philipp die Anklagen aus Geldgier konstruiert habe, und Eduard II. von England schenkte ihnen keinen Glauben. Die meisten europäischen Mächte machten Philipps Neid und Habgier als Herrscher eines fast bankrotten Landes verantwortlich. So beschlagnahmten seine Häscher wie bereits bei den Juden und Lombarden alles, was sie bei den Templern an Wertvollem finden konnten. Merkwürdigerweise fanden sie wenig genug. Sogar Clemens war über die Beschlagnahmen erbost, da der Templerorden doch ein frommer und bescheidener christlicher Orden war.

DIE INQUISITION

Nach der Verhaftung hielt man die Templer zwischen wenigen Tagen und mehreren Jahren in Einzelhaft. Sie wurden einzeln und ohne Beistand von der Inquisition verhört. Nach Verlesung der Anklage wurden sie vor die Wahl gestellt, sich schuldig zu bekennen und auf Begnadigung zu hoffen oder dies zu verweigern, was das Todesurteil nach sich ziehen würde. Wenn das erwünschte Geständnis abgelegt und protokolliert war, mussten sie noch bestätigen, dass sie es freiwillig abgelegt hatten. Einige Templer wurden drei- oder viermal der Folter unterworfen, bevor die Inquisition sie so weit hatte.

Am 25. Oktober gestand Jacques de Molay vor der Fakultät der Universität von Paris, dass er

LINKS: Jean Fouquet, ca. 1450: *Die Bestrafung der Ketzer*. Hier wird die Strafe derjenigen gezeigt, die im Mittelalter der Ketzerei angeklagt wurden, egal ob sie schuldig waren oder nicht. Man glaubte an die reinigende Kraft des Feuers, deswegen wurden die Schuldigen verbrannt.

OBEN: Stich, König Eduard II. von England. Er hielt die Anklagen gegen die Templer nicht für überzeugend und schrieb dies auch an die Könige von Frankreich, Aragon, Portugal, Neapel und Kastilien.

LINKS: Buchillustration aus dem 13. Jahrhundert: Ketzer verbrennen theologische Bücher. Philipp IV. und Clemens V. beschuldigten die Templer der Gottlosigkeit, Sodomie, Gotteslästerung und mehr. Im Mittelalter riefen solche Anschuldigungen große Unruhe und Angst unter der Bevölkerung hervor.

Christus verleugnet und auf das Kreuz gespuckt habe. Auch die anderen hochrangigen Templer in Gefangenschaft legten ähnliche Geständnisse ab. Philipp versuchte noch einmal, die anderen europäischen Herrscher zu bewegen, die Templer in ihren Ländern zu verhaften.

Am 22. November 1307 ordnete Papst Clemens die Verhaftung der Templer in der gesamten Christenheit an, um die Wahrheit herauszubekommen. Es folgten weitere Verhaftungen, aber da nicht in allen Ländern gefoltert wurde, blieben auch die „Geständnisse" weitgehend aus. Außerhalb von Frankreich zweifelte man ganz allgemein an ihrer Schuld.

Ihre Geständnisse variierten nach dem Grad der Folter, der sie unterworfen worden waren. Die meisten gestanden, dass sie während der Aufnahmezeremonie auf das Kreuz gespuckt, gepisst oder getreten und Christus als einen falschen Propheten verleugnet hätten. Viele gestanden Götzendienst oder den Mord an neugeborenen Kindern.

Im 14. Jahrhundert war die Angst vor Ketzerei und Zauberei weit verbreitet. Die gotteslästerlichen „Geständnisse" der Oberen des Templerordens schockierten die Menschen zutiefst, denn ihnen war nicht klar, dass sie erpresst waren.

ANKLAGEN GEGEN DIE TEMPLER

Die Anklagen, die Philipp IV. gegen die Templer erhob, gründeten sich auf Legenden über Ketzerei und Zauberei und viele waren bewusste Verdrehungen völlig legitimer Gebräuche des Ordens. Sie umfassten unter anderem obszöne Küsse bei der Aufnahme, Verehrung falscher Götter, die Verweigerung wohltätiger Spenden, nicht an die Sakramente oder die heilige Messe zu glauben oder mit dem Teufel im Bunde zu sein.

Die Gerichtsverfahren

Die Ordensregeln legten nicht sehr viel Wert auf Bildung und Wissen. Und so war auch Jacques de Molay zwar ein eifriger und frommer Christ, der täglich die Messe besuchte, aber gleichzeitig ein Analphabet ohne jede Ahnung von Theologie. Diese Unbildung ermöglichte den Sieg der Inquisition über ihn und die anderen Templer.

Rechts: Jacques de Molay, der bereits recht betagte letzte Großmeister der Templer. Beim Besuch Clemens' V. einen Monat nach seiner Inhaftierung soll er sein Hemd geöffnet haben, um ihm die Spuren der Folter zu zeigen.

Unten: Solange sie nicht gefoltert wurden, blieben die Templer dabei, dass sie fromme Katholiken seien und nach der Regel des hl. Bernhard von 1127 lebten.

Papst Clemens V. bestand darauf, dass die Templer von einer päpstlichen Abordnung gehört werden sollten, und am 24. Dezember wurden Jacques de Molay und andere Obere des Ordens vorgeführt. Sobald sie außerhalb der Reichweite von Philipps Folterknechten waren, zogen sie ihre Geständnisse zurück, die sie unter der Folter gemacht hatten. Im Februar 1308 setzte Clemens das Verfahren aus und Philipp ging bei den Doctores der Pariser Sorbonne in Berufung, aber diese sagten ihm, dass ihnen das Verfahren entzogen sei.

Hausarrest und neue Verhöre

Im Juni 1308 kam Clemens nach Poitiers, um die Sache zu Ende zu bringen. Philipp umstellte die Stadt mit seinen Soldaten und stellte den Papst unter Arrest. Clemens saß in der Falle und, mit dem Schicksal Papst Bonifaz' VIII. vor Augen, fürchtete um seine Position. Im August einigten sie sich darauf, die Untersuchung zwischen Papst und König aufzuteilen. Seine Leute würden die einzelnen Vertreter des Ordens befragen, der König über den Orden als Ganzes urteilen. Er erließ die Bulle *Fasciens misericordiam*, mit der die Verfolgung wieder aufgenommen wurde, und der Prozess ging weiter. Ein Konzil wurde in Vienne einberufen, um über die Zukunft des Ordens zu entscheiden, während seine Würdenträger, darunter Jacques de Molay, vom

RECHTS: Papst Clemens V. führt den Vorsitz beim Konzil von Vienne 1311, wo die Beschuldigungen gegen den Templerorden der erste und wichtigste Tagesordnungspunkt waren. Das Konzil begann am 16. Oktober 1311 mit 20 Kardinälen, vier Patriarchen, etwa 100 Erzbischöfen und verschiedenen Äbten und Prioren.

Papst gerichtet werden sollten. Im königlichen Palast von Chinon wurde Jacques de Molay abermals durch die Männer des Papstes befragt, aber diesmal waren Abgeordnete König Philipps dabei. Diesmal erklärte er sich wieder für schuldig und wurde für ein Jahr ins Gefängnis geworfen.

Im November 1309 begann die päpstliche Kommission mit den Verhören. Als de Molay an der Reihe war, sagte er, dass er den Orden verteidigen wollte, aber er zweifelte, dass er das ohne Hilfe tun könne. Er war sich darüber im Klaren, dass seine Unbildung sein größtes Problem war. Im Orden gab es befähigte Bankiers, Landwirte, Ritter und Handwerker, aber keine Juristen.

Nach zwei Jahren Folter und Gefängnis war es dann schließlich seine Unkenntnis, die ihn an einer wirksamen Verteidigung hinderte und seinen Feinden einen Vorteil verschaffte. Er gab zu, dass er den Orden nicht verteidigen könne, da er ein armer, analphabetischer Ritter wäre und der Papst den Fall entscheiden solle.

Bei zwei Gelegenheiten macht er jedoch unmissverständlich klar, dass er die Anklagen gegen den Orden als unbegründet zurückweise. Er vertraute darauf, dass der Papst über die Willkür des Königs siegen würde.

DE MOLAYS VERTEIDIGUNG

In seiner Verteidigung führte de Molay nur drei Dinge an. Das Erste war, dass die Liturgie der Templer sehr viel schöner sei als die anderer Kirchen. Das Zweite war die Großzügigkeit des Ordens bei wohltätigen Stiftungen und das Dritte, dass kein anderer Orden „so bereitwillig sein Blut in Verteidigung des christlichen Glaubens vergossen habe".

LINKS: Spätmittelalterliche Buchillustration: Christus führt die Kreuzritter in die Schlacht. So wurde für den Kampf gegen die Moslems im Heiligen Land geworben. Die Templer hatten sich dabei am meisten hervorgetan; jetzt wurden sie aus nichtigem Grund verurteilt.

Das Ende des Ordens

Die Untersuchung ruhte bis 1310, dann wurde eine Anklageschrift mit 127 Punkten gegen den Orden verlesen. Nun bekamen es viele der inhaftierten Templer mit der Angst zu tun, dass ihre Haft verschärft würde oder sie noch schlimmer gefoltert würden, wenn sie auf ihrer Unschuld bestünden. In Paris, Reims und Sens waren 133 Templer unter der Folter gestorben, weil sie nicht sich selbst und ihren Orden belasten wollten. Die Anklagen waren sorgfältig konstruiert worden, um den wenig gebildeten Rittern eine Falle zu stellen.

Rechts: Philipp IV. bei der Hinrichtung von Jacques de Molay und Gottfried de Charney am 18. März 1314.

Unten: Jacques de Molay und Gottfried de Charney auf dem Scheiterhaufen, aus der Chronik von Frankreich der Mönche von St. Denis.

Über 600 Templer fuhren fort, den Orden zu verteidigen, aber da die meisten vorher gestanden hatten, was sie jetzt abstritten, galten sie als verstockte Ketzer. Die Strafe dafür war der Scheiterhaufen. Am 12. Mai 1310 wurden die ersten 54 verbrannt, die auf ihrer Unschuld bestanden. Die Verfahren gegen die anderen gingen noch vier Jahre lang weiter.

Das Ende der Verteidigung

Die Templer hatten während des Verfahrens zugegeben, freundschaftliche Beziehungen zum Sultan und den Sarazenen in Outremer unterhalten zu haben, denn anders wäre dort ein Überleben unmöglich gewesen. Für ihre Richter war dies höchst verdächtig. Wie konnten Männer der Kirche sich mit ihrem Erzfeind verbrüdern? Dass sie Umgang mit den Sarazenen hatten, bedeutete gleichzeitig, dass einige von ihnen Arabisch sprachen. Arabisch aber war die Sprache des Teufels, in der Texte der schwarzen Magie abgefasst waren. Bei all diesen Unterstellungen nutzten die Richter die theologische Unkenntnis

HEILIGE RESTE
Nach Einbruch der Dunkelheit sammelten die Augustiner aus dem Kloster am anderen Seine-Ufer und andere fromme Christen die verkohlten Reste der toten Templer, um sie als Reliquien heiliger Märtyrer zu verehren.

der Templer aus, um sie nach allen Regeln der Rechtsverdreher zu verwirren.

DAS LETZTE GERICHT

Am 18. März 1314 wurden de Molay und andere hohe Würdenträger der Templer auf eine Plattform gegenüber Notre Dame geführt, wo die Urteile verlesen wurden. Sie wurden der Ketzerei für schuldig befunden und zu lebenslänglichem schweren Kerker verurteilt. Nach sieben Jahren Gefängnis, davon vier Jahren in Einzelhaft, war dies vielleicht zu viel für de Molay. Er war über 70 und hatte darauf vertraut, dass der Papst am Ende ihre Unschuld erklären würde. Er beteuerte seine Unschuld und die des Ordens und widerrief all seine Geständnisse. Gottfried de Charney, ein anderer Komtur des Ordens und um die 60, folgte seinem Beispiel. Wie bei allen Templern, die ihre Geständnisse widerrufen hatten, gab es hier nur eine Strafe: den Scheiterhaufen. Philipp erfuhr sofort, was geschehen war, und noch an demselben Abend wurden de Molay und de Charney auf der Insel des hl. Ludwig lebendig verbrannt.

De Molay bat angesichts der versammelten Menge, mit dem Blick auf Notre Dame festgebunden zu werden, sodass er im Gebet sterben könne. Als die Flammen loderten, beteuerte er noch einmal seine Unschuld und prophezeite Clemens und Philipp, dass sie ihm innerhalb eines Jahres folgen würden.

Es besteht Einigkeit darüber, dass Philipps Motive die Gier nach dem Geld der Templer, sein Argwohn angesichts ihrer fast unumschränkten Macht sowie die Demütigung waren, dass ihm die Aufnahme in den Orden verweigert worden war. Ihre Vernichtung tilgte seine Schulden bei den Templern, doch mehr gewann er nicht. Der spektakuläre Fall der Templer erschütterte die Welt.

OBEN: Innenraum der Temple-Kirche in London, die 1185 fertiggestellt wurde. Nach der Aufhebung des Ordens 1307 nahm sie Eduard II. in königlichen Besitz; später wurde sie den Johannitern übergeben, die sie an zwei Jura-Colleges vermieteten.

LINKS: Die Kapelle Unserer Lieben Frau vom Tempel in Lanleff in der Bretagne. Ihr Grundriss ist von dem der Grabeskirche in Jerusalem abgeleitet. Sie wurde im 11. Jahrhundert gebaut und verfiel nach dem Ende des Ordens.

TEIL FÜNF

IM NEBEL DER GEHEIMNISSE

König Philipp hatte versucht, andere christliche Herrscher in seinem Sinne zu beeinflussen, damit kein Templer verschont bliebe. Dies gelang ihm jedoch nur unvollständig. Am 12. Oktober 1307, dem Vorabend der Verhaftung, entkamen viele. Und nach dem Prozess 1312 waren noch viele übrig, da die meisten anderen Länder bei ihrer Verfolgung wenig Eifer an den Tag gelegt hatten. Doch der Orden war in seinen Grundfesten erschüttert und gewann nie wieder die Macht und den Einfluss, den er einmal hatte. Sein Beginn, sein Aufstieg und sein Fall wurden untersucht und diskutiert, aber vieles blieb verborgen. Ohne offizielle Spuren verschwanden die bewaffneten Mönche von der Bühne der Weltgeschichte, ihre wahre Natur geriet in Vergessenheit und wurde von der Fantasie weitergesponnen bis auf den heutigen Tag.

RECHTS: Rosslyn Chapel, eine Kirche aus dem 15. Jahrhundert in Schottland. Wegen ihrer unterstellten Verbindungen zu den Templern spielte sie eine Rolle in der Geschichte des Heiligen Grals, der dort aufbewahrt sein soll.

Waren sie Ketzer?

Der Orden duldete immer auch Mitglieder in seinen Reihen, die mit dem Kirchenbann belegt waren. Was uns als grossherzige und tolerante Geste erscheint, beurteilten Zeitgenossen, die ihrerseits an der Treue der Templer zur Kirche zweifelten, mit Argwohn. Sie sollen ausserdem gemeinsame Sache mit den Moslems gemacht und Kontakt zu häretischen Sekten in Palästina gehabt haben. Ihre Offenheit gegenüber Ideen aus der arabischen Welt erzürnte manche. In Frankreich sollen sie die Katharer und Hexen vor der Gerichtsbarkeit geschützt haben und bei ihrem Prozess wurden ähnliche Beschuldigungen wie bei späteren Hexenprozessen erhoben. Es handelte sich aber um die üblichen Behauptungen, die stets bei Ketzerprozessen vorgebracht wurden.

Rechts: Papst Innozenz III. (1198–1216), einer der mächtigsten Päpste seiner Zeit. Er verfolgte gnadenlos die Ketzerei und setzte einen Kreuzzug gegen die albigensischen Katharer ins Werk.

Unten: Buchillustration aus dem 14. Jahrhundert, Verehrung heidnischer Idole. Die Verehrung von christlichen Reliquien wurde von der Inquisition oft bewusst mit der Anbetung heidnischer Götzen verwechselt.

Die Katharer, mit denen der Orden Verbindungen hatte, heißen auch Albigenser, weil sie vor allem im Languedoc um die Stadt Albi verbreitet waren, aber auch in Norditalien. Sie bildeten keine einheitliche Kirche, sondern zerfielen in verschiedene, lose zusammenhängende Gruppen. Sie glaubten an die Wiedergeburt und lehnten die katholische Hierarchie ab, die sie entweder als Heiden oder häretische Sekte brandmarkte. Papst Innozenz III. befahl den Albigenserkreuzzug, der von 1208 bis 1244 die Sekte fast vollständig vernichtete. Der sechste Großmeister der Templer, Bertrand de

Blanchefort (1156–1169), stammte angeblich aus einer Katharerfamilie und von da an nahmen die Templer auch Katharer auf. Da es immer schwierig war, genügend Männer für den Krieg im Heiligen Land zusammenzubekommen, duldeten sie auch Personen unter Kirchenbann in ihren Reihen. So konnten sie dann später beschuldigt werden, selber mit der katharischen Häresie infiziert zu sein.

Anbetung des Teufels

Die Angst vor der Ketzerei nahm seit dem 11. Jahrhundert dramatisch zu. Viele fromme Christen wurden allein deswegen verdächtigt, weil ihre Glaubensstärke als Zeichen der Ketzerei galt. So gerieten auch Mönchsorden in einen solchen Verdacht.

Die Anklagen gegen die Templer enthielten auch den Vorwurf der Zauberei. Gewisse Texte antiker

Links: Die Schlacht von Muret während des Albigenserkreuzzugs. Simon de Montfort war der Anführer des Kreuzzuges, der die Katharer unter Raimund von Toulouse auslöschen sollte.

Oben: Eine moderne Darstellung der Eroberung von Montségur in Frankreich im Albigenserkreuzzug. 1244 steckten 10.000 französische katholische Soldaten die Burg in Brand und verbrannten 200 Katharer bei lebendigem Leibe.

Philosophen meinten dartun zu können, wie es durch das Wissen über Natur, Himmel und Erde möglich war, willentlich Macht über die Phänomene auszuüben und die Natur zu manipulieren. Dies und die Lektüre dieser Bücher galt als Teufelszeug.

Totenbeschwörung, um mit den Geistern der Verstorbenen in Kontakt zu kommen, war besonders populär, aber die entsprechenden Bücher legten Wert auf Geheimhaltung, um solche Praktiken vor Uneingeweihten und vor allem den Augen der Kirche abzuschirmen, die sie nicht duldete. Die Anklage gegen die Templer beinhaltete, dass ihre Regel solche Vorschriften enthielt, ebenso die arabischen Texte, die von den sprachkundigen Mitgliedern des Ordens gelesen wurden. Dies wurde aber von Papst Clemens V. zurückgewiesen, der die Ordensregeln kannte und arabischsprachigen Sachverständigen die entsprechenden Texte vorgelegt hatte.

AUF DAS KREUZ SPUCKEN

Der Vorwurf, sie würden auf das Kreuz spucken und Christus verleugnen, wurde merkwürdigerweise von den Templern nie abgestritten. Sie sagten, sie würden sich damit auf entsprechende Folter in der Hand der Sarazenen vorbereiten. De Molay erklärte, dass sie dadurch ihre Religion „nur mit dem Geist, nicht mit dem Herzen" verleugneten.

KEIN AUSWEG

Wer im Mittelalter der Ketzerei angeklagt war, konnte einer Verurteilung kaum entgehen, es sei denn, er konnte beweisen, dass sein Ankläger ein persönlicher Feind war. Auch war es schwer, jemanden zu finden, der für einen Angeklagten aussagte, weil dieser sich dem Verdacht aussetzte, einen Ketzer zu unterstützen oder selbst einer zu sein. 1252 erlaubte Papst Innozenz IV. den Gebrauch der Folter. Ein geständiger Angeklagter konnte gegen eine Buße freigesprochen werden. Wer sich weigerte zu gestehen, galt als schuldig und wurde zum Tode verurteilt.

In der Neuen Welt

Viele Templer entgingen der Verhaftung, manche entkamen in verschiedene europäische Länder, unter anderem Portugal, wo sie sich in Ritter Christi umbenannten. Andere flohen nach Schottland, wo sie König Robert Bruce willkommen hiess; einige sollen in der Schlacht von Bannockburn gekämpft und entscheidend zum Sieg über die Engländer beigetragen haben. Eine andere Legende verbindet die schottischen Tempelritter mit der Entdeckung Amerikas, die „La-Merika-Theorie", nach dem „Merika" genannten Sternsymbol der Templer, das wiederum seinen Namen von dem fünfzackigen Stern der babylonischen Göttin Ischtar erhalten haben soll.

Rechts: Amerigo Vespucci (1454–1512), ein italienischer Entdecker und Geograf, der auf seinem Sterbebett zugegeben haben soll, nie in die Neue Welt gereist zu sein. Die Gelehrten zweifeln, ob er überhaupt jemals dort war.

Unten: Stich mit einer Allegorie von Amerika und Porträtmedaillons der Entdecker Christoph Columbus' (1451–1506) und Amerigo Vespucci auf beiden Seiten eines Globus mit Amerika.

Es wurde behauptet, dass die Templer lange vor Columbus und Vespucci nach Amerika segelten. Und selbst wenn Columbus 1492 die Neue Welt entdeckt haben soll, so ist doch sicher, dass die Wikinger bereits Jahrhunderts früher dort gewesen waren. 1497 will Amerigo Vespucci eine Erkundungsreise nach Nordamerika gemacht haben. Nach seiner Rückkehr 1504 beschrieb er, was er angeblich gesehen hatte, und kurz danach erschien der Name „America" auf der Karte eines deutschen Kartografen, der dachte, der Kontinent sei nach Vespucci benannt. Manche Historiker meinen jedoch, dass Länder normalerweise nicht nach dem Vor-, sondern nach dem Nachnamen benannt werden. Außerdem gab er auf dem Sterbebett zu, dass er die von ihm beschriebene Neue Welt gar nicht selber gesehen habe.

Geschickte Seefahrer

Der Hafen von La Rochelle an der Atlantikküste wurde von den Templern zu Beginn ihrer Geschichte als ihr wichtigster Seestützpunkt geplant und angelegt. Sie hatten eine umfangreiche Flotte und weitere Seehäfen in Frankreich. Eine Theorie behauptet, dass die Templer von La Rochelle nach Kanada und Amerika segelten. Da dies widerlegt wurde, sollen sie stattdessen von Schottland aus aufgebrochen sein. Manche meinen, sie hätten so ihren Schatz in Sicherheit gebracht. Jedenfalls hatten die Templer eine Seemacht, die eine solche Reise unternehmen konnte.

Sir Henry Sinclair von Rosslyn, dessen Vater ein vertrauter Freund von Robert Bruce war und mit ihm zusammen in Bannockburn gekämpft hatte, wollte den Nordatlantik erforschen. Als Nachkomme von Wikingern hatte er vor, ihren Spuren zu folgen. Er hatte auch viele Verbindungen zu den Templern. Ihre Kommanderie in Schottland lag nicht weit vom Sitz der Sinclairs und einer seiner Vorfahren Henri de Saint-Clair hatte mit Gottfried von Bouillon zusammen Jerusalem erobert.

Zwei venezianische Seeleute, die Brüder Zeno, befehligten zwei seiner Schiffe, die zusammen mit weiteren 13 Schiffen 1397 von Schottland aus in See stachen.

OBEN: Innenansicht von Rosslyn Chapel mit dem Lehrlingspfeiler. Die Innendekoration ist sehr aufwändig und einzigartig in ihrem Schmuck und weist viele merkwürdige Reliefdarstellungen auf, darunter angeblich von amerikanischen Pflanzen, die zu dieser Zeit in Europa noch nicht bekannt waren.

LINKS: Gemälde von William Sinclair, dem Enkel von Sir Henry, dem Erbauer von Rosslyn Chapel etwa 130 Jahre nach der Auflösung des Templerordens. Die Kapelle wurde mit den Templern in Verbindung gebracht und die Sinclairs stammen möglicherweise von den französischen Saint-Clairs ab, von denen viele dem Templerorden angehörten.

1558 veröffentliche ein Nachkomme der Zenos ein Manuskript mit einer sehr exakten Karte des Nordatlantik, ohne jedoch die Templer oder Sinclair zu erwähnen.

DAS NEUE LAND

Man nimmt an, das Sinclair und die Templer 1398 Neuschottland in Kanada erreichten und ein Jahr später südlich davon Neuengland. Verschiedene alte Grabsteine in Neuschottland tragen Kreuze ähnlich jenen der Kreuzfahrer und auf dem Prospect Hill in Westford, Massachussetts, fand sich ein grob gemeißelter Grabstein im Stil der Templer. Das Bild soll den Templer Sir James Gunn zeigen, der ein Mitglied der Expedition war.

1440 erbaute Sir Henrys Enkel Sir William Sinclair Rosslyn Chapel in Schottland. In ihrem Bauschmuck hat man Darstellungen amerikanischer Pflanzen wie der Aloe vera sehen wollen, die vor Columbus' Rückkehr nach Europa noch nicht bekannt waren. Die Kapelle wurde 1486 vollendet, noch bevor Columbus 1492 seine erste Reise antrat.

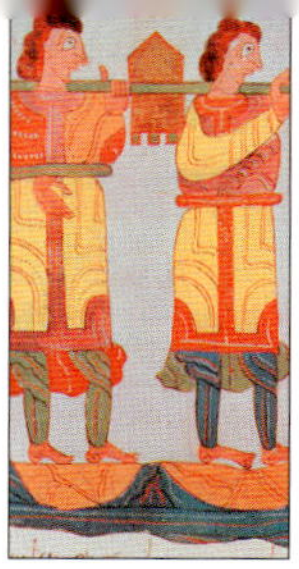

Der Schatz vom Tempelberg

König Balduin II. von Jerusalem erlaubte den Templern, nach Belieben mit dem Teil seines Palastes auf dem Tempelberg zu verfahren, den er ihnen überlassen hatte. Eine Legende berichtet, dass sie unter dem Felsendom Ausgrabungen in den „Ställen des Salomon" unternahmen. Dies erregte den Verdacht konspirativer Aktivitäten und dass die Templer dort etwas zu verbergen – oder gefunden – hatten.

Rechts: Der Felsendom wurde zwischen 687 und 691 von byzantinischen Handwerkern unter dem neunten Kalifen Abd al-Malik gebaut. Er befindet sich auf dem von Juden und Christen so genannten Tempelberg, den die Moslems das „Erhabene Heiligtum" (Haram al-Scharif) nennen, und ist das bekannteste Wahrzeichen Jerusalems.

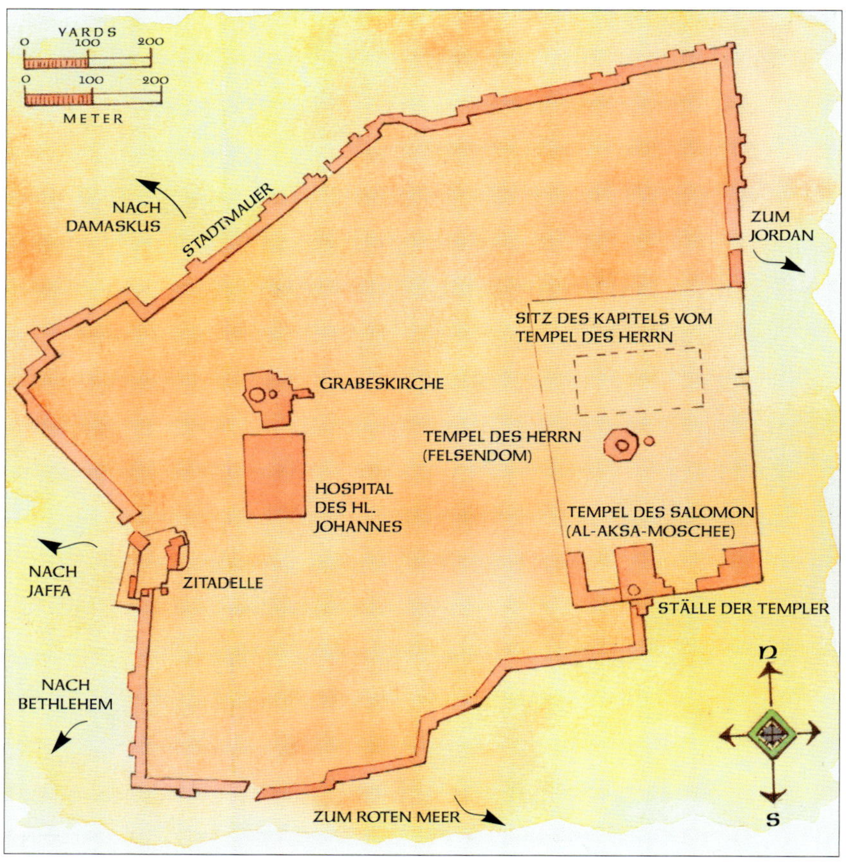

Unten: Plan Jerusalems zur Zeit der Kreuzfahrer

70 n. Chr. wurde der zweite Tempel, der an der Stelle des salomonischen Tempels gebaut worden war, von den Römern unter Titus geplündert und zerstört. Wegen der überragenden Bedeutung des Platzes hielt sich jedoch die Legende, dass hier etwas Wichtiges verborgen blieb. Es wurde gemutmaßt, dass Hugo de Payens und der Graf der Champagne bereits davon wussten, als sie nach Jerusalem kamen. Dies würde den Besuch des Grafen im Heiligen Land erklären, bevor der Orden offiziell gebildet wurde, und ebenfalls, warum er in die „Milice du Christ" eintreten wollte, warum er seinen ehemaligen Gefolgsmann als seinen Großmeister anerkannte und warum dieser sich dann als Erster an Balduin II. auf dem Tempelberg wandte. Auch als Grund, warum es anfangs nur neun Templer gab, wurde angeführt, dass diese Ausgrabungen unter dem Tempelberg streng geheim waren.

DIE HEILIGE STÄTTE

Der Tempelberg ist einer der beliebtesten religiösen Orte der Welt. Hier soll Gott die Erde gesammelt haben, aus der er Adam erschuf, Kain, Abel und Noah sollen hier geopfert haben und Jakob im Schlaf seine Vision von den Engeln gehabt haben. Abraham opferte hier beinahe seinen Sohn und Mohammed brach von hier auf dem geflügelten Ross Buraq zusammen mit dem Erzengel Gabriel zu seinem Besuch im Himmel auf. Auch die Bundeslade wurde hier aufbewahrt.

Links: Mozarabische Bibelillustration: Prozession der Bundeslade. Mozaraber nannte man die spanischen Christen, die unter moslemischer Herrschaft lebten.

Unten: Das Innere des Felsendoms auf dem Tempelberg. Die Wände sind mit Marmor, buntem Stein und Fayence eingelegt, die Säulen aus erlesenem Marmor und die Bögen mit Mosaiken, buntem Stein und Fayence dekoriert.

Andererseits konnten die Grabungen ihren Grund darin haben, dass sie von der „heiligen Geometrie", nach der der Tempel gebaut war, fasziniert waren und mehr darüber für ihre eigenen Bauten erfahren wollten.

DIE STÄLLE SALOMONS

Seit 1124 brachten die Templer ihre Pferde in den „Ställen des Salomon" unter, die groß genug für 2.000 Rösser waren. In den 68 Jahren auf dem Tempelberg entfalteten sie rege Bauaktivitäten, die 1120 begannen. Diese waren natürlich zuerst durch ihre eigenen Bedürfnisse motiviert, sollen aber auch andere Gründe gehabt haben. Gerüchte über geheimnisvolle Funde zirkulierten seit den ersten Jahren der Gründung des Ordens, obwohl niemand sicher war, was oder ob überhaupt etwas gefunden worden war.

Den Gerüchten nach sollen bei diesen Ausgrabungen eine Reihe heiliger Reliquien ans Tageslicht gebracht worden sein: der einbalsamierte Kopf Johannes' des Täufers, Splitter des wahren Kreuzes, Dokumente über den Ursprung des Christentums oder die Bundeslade. Oder es wurde auch behauptet, dass der Schatz des zweiten Tempels dort unentdeckt von den Römern zurückblieb.

Der Schädel von Sidon

Der Schädel mit den gekreuzten Knochen gilt als Symbcl der Vergänglichkeit oder als *Memento mori*, soll uns an unsere Sterblichkeit erinnern. Wann diese Ikonografie in Gebrauch kam, ist nicht klar, aber auf den Grabsteinen der Templer war sie sehr verbreitet. Das Symbol mag bei den Zeremonien der Templer eine Rolle gespielt haben, nicht für finstere Praktiken, sondern weil sie glaubten, dass unser Körper vergänglich und die Seele unsterblich sei. In einer Legende über die Templer spielt ebenfalls ein Schädel eine Rolle.

Rechts: Alessandro Sanquirico, *Templergräber* (1820–1839). Romantisches Gemälde von der Prachtentfaltung der Templer auch nach ihrem Tod.

Als Mönche war den Templern Verkehr zu Frauen untersagt. Bernhard von Clairvaux sorgte dafür, dass die Ehelosigkeit wie bei den Zisterziensern und anderen Orden in die Regel aufgenommen wurde. Askese werde die Seele auf Gott und ein rechtschaffenes Leben ausrichten. Familiäre Beziehungen verhinderten wahre Frömmigkeit, da sie den Willen banden, und eine leidenschaftliche Natur könne durch ein enthaltsames Leben gemäßigt werden. Nach dem Evangelium war Jesus unverheiratet und die katholischen Priester waren Junggesellen. Dennoch kann eine abschreckende Geschichte von einer heimlichen Beziehung eines Templers zu einer Frau ein besonderes Licht auf den Schädel mit den gekreuzten Knochen werfen.

Links: Auf dem Friedhof von Kilmartin und Bute in Schottland befinden sich viele Templergräber mit verzierten Grabsteinen. Seit dem Mittelalter setzte man Symbole des *Memento mori* auf Grabsteine, um die Menschen an ihre Sterblichkeit zu erinnern.

DER JOLLY ROGER

Die Schiffe der Templer waren anfangs mit roten Fahnen mit Schädel und Knochen in weiß beflaggt.

Später, als Papst Innozenz II. sie dazu ermächtigte, das rote Kreuz auf ihren Mänteln zu tragen, flaggten sie auch entsprechend. Die Flagge mit dem Schädel benutzten sie aber weiter als Warnung für ihre Feinde. Sie wurde später zum Jolly Roger, als Verballhornung von frz. „joli rouge – schön rot". Als sie dann zur Piratenflagge wurde, bekam sie einen schwarzen Hintergrund.

OBEN: Gemälde aus dem 19. Jahrhundert mit dem Kampf zwischen dem englischen Kriegsschiff *Swallow* und dem Piraten Bartholomäus Roberts, der in diesem Kampf getötet wurde. Der Schädel mit den gekreuzten Knochen wurde von den Piraten übernommen, als Warnung, dass eine Begegnung mit ihnen gefährlich oder tödlich sei. Ursprüngliche diente er bei den Templer als Symbol der Sterblichkeit.

EINE MAKABRE LEGENDE

Eine gräuliche und wenig schmeichelhafte Geschichte, die ihren Ausgang bei der verbotenen Beziehung eines hohen Offiziers der Templer zu einer jungen einheimischen Schönheit nahm, erzählt, wie die Templer zu dem Symbol des Schädels mit den gekreuzten Knochen kamen.

„Eine vornehme Dame aus Maraklea wurde von einem Tempelritter, dem Herrn von Sidon, geliebt, aber sie starb noch in ihrer Jugend, ohne ihn zu erhören. In der Nacht nach dem Begräbnis öffnete der vernarrte Liebhaber das Grab, grub ihren Leichnam aus und beging Totenschändung mit ihm. Dann ertönte eine Stimme vom Himmel, er möge in neun Monaten zurückkehren, dann würde er einen Sohn finden. Er gehorchte, öffnete zu der angegebenen Zeit abermals das Grab und fand einen Schädel auf den gekreuzten Oberschenkelknochen des Leichnams. Dieselbe Stimme gebot ihm: ‚Verwahre ihn gut, er wird Dir viele Wohltaten bringen und er nahm ihn mit. Er wurde zu seinem Schutzgeist und er konnte seine Gegner allein schon dadurch schlagen, dass er ihnen nur den zauberkräftigen Schädel zeigte. Später ging dieser dann in den Besitz des Ordens über."

Die Geschichte kann bis ins 12. Jahrhundert zurückverfolgt werden, war aber ursprünglich nicht mit den Templern verbunden. Während der Gerichtsverfahren im 14. Jahrhundert wurde sie dagegen mit ihnen verknüpft und verschiedentlich in den Inquisitionsakten erwähnt. Ihr Ursprung ist unbekannt, aber sie diente später dazu, die Templer zu diskreditieren.

LINKS: Der hl. Bernhard von Clairvaux war von entscheidender Bedeutung für die Gründung und die ersten Jahre des Ordens. Er wurde 21 Jahre nach seinem Tod heilig gesprochen und sein Schädel gelangte in die Kathedrale von Troyes – ein weiterer Schädel von besonderer Bedeutung für den Orden. Während der Französischen Revolution wurde er in die Schweiz in Sicherheit gebracht.

Der Heilige Gral

Der Heilige Gral ist wahrscheinlich das bekannteste und hartnäckigste mit den Tempelrittern verbundene Mysterium. In der christlichen Legende ist der Heilige Gral der Becher oder Kelch, aus dem Jesus Christus beim Letzten Abendmahl getrunken hat, oder aber das Gefäss, in dem sein Blut aufgefangen wurde, als ihm am Kreuz die Seite durchbohrt wurde. Er wurde aber auch als zauberkräftiger ägyptischer oder babylonischer Stein beschrieben oder als der keltische Kessel des Überflusses, nach dem König Arthur auf der Suche war, oder aber als geheime Nachkommen Christi oder einfach nur als eine Quelle der Erleuchtung.

Oben: In der christlichen Legende ist der Heilige Gral der Kelch, aus dem Christus beim letzten Abendmahl trank, der wundersame Kräfte haben soll.

Mit diesen Unklarheiten um den Gral ging die Frage einher, wo er verborgen sei. Die meisten Gerüchte um die Grabungen der Templer auf dem Tempelberg und ihre folgenden Reisen in Europa und durch die Welt entzündeten sich an der Vorstellung, dass sie dort etwas gefunden hatten, was sie dann vor Philipp IV. versteckten. Viele dachten, es sei der Gral gewesen.

Verstecke

Wenn die Templer etwas so Heiliges wie den Gral besessen hätten, dann hätten sie es nach ihrer Ordensregel bis zum Tode beschützt. Spekulationen, sie hätten es dann auf Oak Island vor Neuschottland an der kanadischen Küste vergraben, zogen zahlreiche Schatzsucher an, aber das legendäre „Geldloch“ auf der Insel verschlang vor allem Geld, anstatt welches preiszugeben. Das ausgeklügelte Stollensystem, das mit den Gezeiten das Wasser im Schacht steigen lässt, sobald jemand dort gräbt, und ein Stein mit merkwürdigen Zeichen nährten den Verdacht, dass es den Templerschatz enthielt. Rosslyn Chapel war ebenfalls ein Kandidat für das Versteck des Grals, da sie mit den Templern auch nach der Unterdrückung des Ordens in Verbindung stand. Es heißt, der Lehrling, der den „Lehrlingspfeiler“ gemeißelt hat, habe diesen als Versteck hohl gelassen.

Als weitere Verstecke galten die „geheimen Gewölbe“ unter der Kapelle. 1546 schrieb Maria von Guise, die Mutter von Maria Stuart, an Lord William Sinclair von Rosslyn über ein „großes Geheimnis in Rosslyn“. Man weiß nicht, was sie meinte. Vermessungen und Ausgrabungen haben nichts ergeben und für weitere Untersuchungen müsste man das Gebäude zerlegen. Aber es gibt merkwürdige christliche und heidnische Symbole sowie solche der Templer, die nicht alle verständlich sind.

Nach der Legende wurde der Gral zum ersten Mal von Pilgern im 5. Jahrhundert gesehen und befand sich im 13. Jahrhundert in Konstantinopel.

Rechts: Fra Angel co, *Kreuzabnahme* (1443). Der Ausschnitt zeigt Maria Magdalena, die die Füße Christi küsst. Verschwörungstheorien behaupten, dass Maria Magdalena das Geheimnis des Heiligen Grals besaß, das dann auf die Templer überging.

LINKS: Leonardo da Vinci, *Das Letzte Abendmahl*, Fresko in Sta. Maria delle Grazie, Mailand, Ausschnitt. Eine Theorie besagt, dass die Person links von Jesus nicht, wie die Kunsthistoriker meinen, Johannes darstellt, sondern Maria Magdalena.

OBEN: Die Ruinen von Dinas Bran Castle auf der Spitze des Hügels am Dee River in Llangollen, Wales. Er soll einer der Orte des Heiligen Grals sein.

Es gibt viele weitere Verstecke für den Gral mit zugehörigen Theorien.

Der Gral beeinflusste auch die mittelalterliche Ritterdichtung. Zwischen 1180 und 1191 schrieb Chrétien de Troyes sein unvollendetes Gedicht „*Perceval, Conte du Graal* (Parzival, Ritter vom Gral)". Er behauptete, er habe eine Schrift von Wilhelm von Tyrus als Quelle benutzt; dies ist auffällig, da dieser ja auch den frühesten Bericht über die Templer verfasst hat. Zwischen 1197 und 1209 schrieb Wolfram von Eschenbach seinen Versroman *Parzival*, der die Templer als Wächter des Grals darstellt. Nach dem Ende des Mittelalters ließ das Interesse nach, aber im 19. Jahrhundert nahmen Schriftsteller wie Scott und Tennyson oder Maler wie die Präraffaeliten den Faden wieder auf. 1882 erhielt das Thema in Richard Wagners Oper *Parzival* eine neue Bedeutung, die den Gral mit der weiblichen Fruchtbarkeit verband. Die Gerüchte und Debatten dauern an.

URSPRÜNGE DES WORTES

Das Wort *Graal* in der ursprünglichen Schreibweise ist möglicherweise eine altfranzösische Ableitung vom Lateinischen *gradalis*, das ein Geschirr bezeichnet, das bei Tisch benutzt wird. Nach den ersten Gralserzählungen verbreitete sich eine gelehrte Etymologie, dass *sangreal* von altfranzösisch *san grial* „Heiliger Gral" oder *sang real* „königliches Blut" abgeleitet wäre.

LINKS: Wasserspeierfigur in Rosslyn Chapel mit einem Kelch, was die Verbindung der Kapelle mit dem Gral zu stützen scheint.

Das Turiner Leichentuch

Ein weiteres andauerndes Geheimnis der Templer ist das Turiner Leichentuch. Es handelt sich um ein altes Stück Leinentuch, etwa 4,40 x 1,10 m gross. Es zeigt den Abdruck eines Mannes, der offensichtlich gewaltsam zu Tode gekommen ist, möglicherweise gekreuzigt wurde. Es befindet sich in der Königskapelle der Kathedrale von Turin. Viele glauben, es sei das Leichentuch Jesu, und seit dem 14. Jahrhundert wird es mit den Templern verbunden.

Rechts: Ein Ölgemälde aus dem 17. Jahrhundert zeigt das ausgebreitete Leichentuch, das von Engeln gehalten wird.

1357 tauchte das Tuch zum ersten Mal in den schriftlichen Zeugnissen auf. Abdrücke von Gesichtern auf Textilien waren vorher schon öfter beobachtet worden, aber man weiß nicht, ob es sich um dasselbe Stück Stoff handelte. Es befand sich zuerst im Besitz der Witwe des Ritters Gottfried de Charney, dem Neffen des gleichnamigen

Tempelritters, der 40 Jahre zuvor mit de Molay auf dem Scheiterhaufen gestorben war. Madame de Charney gab das Tuch an eine Kirche in Troyes. Angesichts der Geheimniskrämerei der Templer kann das Tuch bereits lange heimlich in ihrem Besitz gewesen sein, aber es ist auch nicht verständlich, warum sie es nicht als hochrangige Reliquie ausgestellt haben. Es wurde vielleicht während der Verfahren gegen die Templer von der

Links: Ausschnitt des Gesichtsabdrucks auf dem Turiner Leichentuch. Die Gesichtszüge halten viele für die Jesu Christi, der mit diesem Tuch ins Grab gelegt worden sein soll.

machen, dass der Mann eines gewaltsamen Todes gestorben war, aber sie konnten das Alter nicht bestimmen, da es im Laufe der Zeit alle möglichen Leute angefasst hatten. Seitdem haben weitere Untersuchungen versucht, das Problem zu lösen, jedoch ohne Erfolg. Einige Historiker sind überzeugt, es sei nur 700 Jahre alt, andere meinen, die Art, wie es genäht sei, führe in das erste Jahrhundert n. Chr. zurück.

Eine andere Theorie behauptet, dass auf dem Tuch das Bild von Jacques de Molay abgedrückt sei. Er wurde während seiner siebenjährigen Haft nachweislich gefoltert. Nach dem Gottesurteil wickelte man ihn in ein Stück Stoff, um das Blut zu stillen, bis er wieder zu Bewusstsein kam. Wenn dies stimmen sollte, dann konnten die Templer den Stoff nicht mehr als Reliquie verehrt haben, weil es sie danach nicht mehr gab.

LINKS: Ein Gläubiger zündet in der Grabeskirche in Jerusalem eine Kerze an, an dem Ort, wo Christus gekreuzigt worden sein soll. Die Kirche steht auf dem Platz eines römischen Aphroditetempels und wurde 333 n. Chr. von Konstantin I. erbaut, nachdem er Christ geworden war.

UNTEN: Eingang zum Grab Christi in der Grabeskirche. Während der persischen Eroberung Jerusalems 614 n. Chr. wurde die Kirche zum größten Teil zerstört. Die heutige Kirche wurde von den Kreuzfahrern nach der Eroberung Jerusalems 1099 erbaut.

Familie Charney beiseitegeschafft, die jetzt, da genügend Zeit verstrichen war, glaubte, es zu Geld machen zu können. Im Museum von Cluny in Paris ist das Wappen der Charney auf einem Pilgermedaillon zu sehen, das auch ein Bild des Leichentuchs zeigt. Dies beweist, dass es sich schon eine Weile in ihrem Besitz befunden hatte.

Manche sagen, dass die Templer 1204 bei der Plünderung von Konstantinopel in den Besitz des Tuchs gelangten. Es ist jedoch nicht belegt, dass sie bei der Eroberung dabei waren. Zudem können sie es auch als Geschenk erhalten haben.

WISSENSCHAFTLICHE UNTERSUCHUNGEN

Die Debatten über dieses Stück Stoff gingen hin und her. Einerseits wurde es von vielen als Fälschung bezeichnet, beginnend mit dem Bischof von Troyes, als Charneys Witwe es öffentlich machte. 1978 wurde es von Wissenschaftlern mit den unterschiedlichsten Methoden untersucht. Sie entdeckten, dass das Bild in der Tat abgedrückt, nicht gemalt war und die roten Flecken von Blut herrührten. Sie konnten auch wahrscheinlich

Geheimnisvolle Götzenverehrung

Die Vorstellung, dass die Templer einen Kopf anbeteten, artikuliert sich auf unterschiedliche Weise. Mal war sie mit dem Schädel von Sidon verbunden, mal mit dem Turiner Leichentuch. Während ihrer siebenjährigen Gefangenschaft ging die Inquisition dem Verdacht nach, dass sie ein Idol namens Baphomet verehrten. Auch wenn verschiedene Templer dies unter der Folter oder unter ihrer Androhung zugaben, wurde nicht klar, was das genau war. Denn all ihre „Geständnisse“ unterschieden sich sehr stark voneinander. Niemand schien sich klar zu sein, was Baphomet darstellte oder bedeutete, und alle Templer zogen ihre Geständnisse später zurück.

Rechts: Eliphas Lévi, ein französischer Schriftsteller und Okkultist, entwarf ein berüchtigtes Bild des Baphomet, das zahllose Nachahmungen erfuhr. Aussagen verhafteter Tempelritter erwähnen heidnische Idole, die der Orden heimlich angebetet habe; eines davon nannte sich Baphomet. Die Geständnisse wurden später widerrufen.

Die Ankläger der Templer glaubten, diese würden ein Idol namens Baphomet anstelle Gottes anbeten. Manche meinen, der Name wäre von „Mohammed“ abgeleitet, obwohl der Islam ebenfalls jeden Götzendienst verbietet. Baphomet sei jedoch nicht der einzige Abgott gewesen, dem die Templer gehuldigt hätten, sondern der wichtigste von vielen. Er wird unterschiedlich beschrieben, mal als Totenkopf, mal mit zwei Gesichtern, als katzen- oder ziegenartige Kreatur oder wahlweise als bärtiger oder redender Kopf.

Rechts: Das Relief eines gekrönten Hauptes an einer Kirche der Templer. Obwohl solche Darstellungen in der Bauplastik dieser Zeit zahlreich waren, brachte man sie später mit den heterodoxen Praktiken des Ordens in Verbindung.

Der bärtige Kopf wird oft erwähnt. Bärte waren im 14. Jahrhundert aus der Mode, aber die Templer trugen sie entsprechend ihrer Regel. So machte sich die Inquisition vielleicht über die Templer lustig mit der Unterstellung, sie würden sich selber anbeten. Es ist nicht klar, ob es sich um ein Gemälde, eine Skulptur oder einen mumifizierten Kopf handelte. Zu der Zeit wurde ein abgeschlagener Kopf oft mit Zauberei verbunden. In späteren Legenden heißt es, dass die Templer Köpfe anbeten würden, um ihren Reichtum zu vermehren.

RELIQUIEN
Im Mittelalter legten viele fromme Katholiken großen Wert auf materielle Gegenstände, die von den Heiligen überliefert waren. In ihnen galten die Heiligen immer noch als anwesend; es konnte sich um Kleidung, Besitztümer oder Gegenstände handeln, die mit ihrem Martyrium verbunden waren, oder noch besser physische Überrest von ihnen selber. Dies Dinge wurden „Reliquien" genannt, lateinisch für Hinterlassenschaften. Man glaubte, der Heilige könne durch sie wirksam werden. Die Templer hatten wie alle religiösen Orden solche Dinge in ihrem Besitz.

MÄRTYRERKÖPFE

Andererseits dachte man auch, es handle sich um den einbalsamierten Kopf von Jesus oder Johannes dem Täufer. Da Letzterer enthauptet worden war, tauchte sein Kopf regelmäßig als Reliquie und in der Volksüberlieferung auf. Es wurde auch behauptet, dass die Templer ihn besäßen und ihn im Namen der mandäischen Häresie verehrten, die Jesus als falschen Propheten ablehnte und Johannes als den wahren Messias verehrte. Es ist nicht klar, woher dieser Verdacht rührte, aber die Templer konnten im Heiligen Land durchaus Kontakt zu mandäischen Sekten gehabt haben.

Da die Templer ein religiöser Orden waren, spielten Reliquien bei ihnen auch eine große Rolle. Sie sollen mindestens zwei Köpfe von heiligen Märtyrern besessen haben. Der eine war der der hl. Euphemia, die 303 das Martyrium erlitt; sie bekamen ihn bei der Plünderung von Konstantinopel und verwahrten ihn in Zypern. Der andere war einer der 11.000 Jungfrauen der hl. Ursula. Diese Reliquien waren anerkannt und wurden oft gezeigt.

OBEN: Vittore Carpaccio, *Martyrium und Begräbnis der hl. Ursula* (1493). Die Legende der hl. Ursula war im Mittelalter sehr populär. Die Bedeutung der Reliquien im christlichen Kult vom 2. bis zum 17. Jh. war gewaltig und die Templer waren stolz auf diejenigen in ihrem Besitz.

LINKS: Gustave Moreau, *Die Erscheinung* (1874 bis 1876), zeigt den schwebenden Kopf Johannes' des Täufers, der von mehreren Religionen als Prophet verehrt wurde. Hier erscheint er Salome, die ihn hatte hinrichten lassen.

Beharrlicher Aberglaube

Flüche, Geheimbünde und die Macht der Reliquien waren seit ihrer Verurteilung mit den Templern verbunden. Die Rätsel des Fluches von Jacques de Molay, die geheimnisvolle Flotte der Templer, die aus Frankreich wegsegelte, und geheime Zeichen, die sich an Plätzen finden, die mit den Templern zu tun hatten, haben diese Geschichten beeinflusst. Manche gründen auf historischen Fakten, andere sind reiner Aberglaube. Der Fluch von Jacques de Molay hat zahlreiche Legenden über die Verwicklung der Templer in okkulte Praktiken angeregt. Als er 1314 verbrannt wurde, erklärte er sich und den Orden für unschuldig und rief aus: „Alle, die uns das angetan haben, werden dafür büssen!" – Papst Clemens starb einen Monat später an der Ruhr und Philipp IV. bei einem Jagdunfall im November desselben Jahres.

Philipps Hoffnung, an den Reichtum der Templer zu kommen, erfüllte sich nicht, denn er sah nie etwas von ihrem Geld. Der Schatz der Templer soll am 12. Oktober 1307, dem Tag vor den Verhaftungen, aus dem Temple in Paris nach La Rochelle geschafft worden sein. Nach einem Bericht aus der Zeit bestiegen 24 Templer 18 Galeeren und stachen am nächsten Tag in See, um nie wieder gehört oder gesehen zu werden.

Rechts: Gemälde aus dem frühen 20. Jahrhundert. Die Kreuzfahrer ergeben sich Saladin nach der Schlacht von Hattin. Die katastrophale Niederlage leitete eine Wende im Schicksal des Ordens ein.

Rechts: Die Hinrichtung König Ludwigs XVI. von Frankreich im Januar 1793. Manche glauben, der Sturz der französischen Monarchie sei die späte Rache von Jacques de Molay; angeblich sollen Nachfahren der Templer zu den Revolutionären gehört haben.

DAS WAHRE KREUZ

Als der Templerorden an Macht und Reichtum gewann, glaubten viele, er habe geheime Kräfte. Diese sollten von einem Splitter des wahren Kreuzes in ihrem Besitz herrühren. Diese Reliquie ging dann 1187 in der Schlacht von Hattin gegen Saladin verloren und danach soll es auch mit der Macht des Ordens bergab gegangen sein; auch die Templer selber sollen an den Verlust der Reliquie geglaubt haben.

LINKS: Die Templer sollen einen Splitter vom wahren Kreuz, an das Jesus geschlagen wurde, besessen haben, den sie als ihren kostbarsten Besitz verehrten. Nachdem er in der Schlacht von Hattin verloren gegangen war, ging auch die Macht des Ordens zu Ende.

Ob dies zutraf, konnte nie eindeutig geklärt werden.

DE MOLAYS FLUCH

Die Legende von de Molays Fluch wurde mit der Zeit immer mehr ausgeschmückt. Er soll die ganze Linie der folgenden französischen Könige verflucht haben, von denen viele frühzeitig und gewaltsam starben. Fast 480 Jahre später, am 21. Januar 1793, ließ Ludwig XVI. sein Leben unter der Guillotine der Revolutionäre. Unmittelbar nach seiner Hinrichtung sprang ein Mann auf das Schafott, tauchte die Hand in das Blut des Königs und rief: „Jacques de Molay, du bist gerächt!" Die Menge applaudierte, alle Anwesenden wussten offenbar von den Templern und glaubten, sie hätten endlich ihre Rache an der Monarchie erfüllt.

OBEN: Das Nordportal der Kathedrale von Chartres aus dem 13. Jahrhundert. Die Templer sollen den Bau finanziell unterstützt haben, um hier die Bundeslade zu verstecken.

VERBORGENE WEISHEIT

Am Nordportal der Kathedrale von Chartres ist in einem Relief die Bundeslade auf einem Flügelwagen dargestellt. Nach einer Legende war sie tief unter dem Tempel in Jerusalem verborgen und Jahrhunderte später soll sie von den Templern gefunden worden sein. Sie unterstützten dann den Bau der Kathedrale finanziell, um die Lade unter der Krypta zu verstecken.

Ähnliche Legenden berichten von geheimen Dokumenten unter dem Tempelberg. Es wurde viel gerätselt, was in diesen Dokumenten gestanden haben könnte, und oft wurde behauptet, dass es sich um Schriftrollen mit Abhandlungen über heilige Geometrie und mächtiges Geheimwissen über Kunst und Natur handelte – die verborgene Weisheit der alten Eingeweihten der jüdischen oder ägyptischen Tradition.

Templerlegenden

Der dramatische Aufstieg und Fall einer der wichtigsten Mächte des Mittelalters hat die Menschen seit jeher gefesselt. Das Verfahren gegen die Templer gab die Art und Weise vor, wie danach über die Ritter berichtet wurde. Bald nach der Auflösung des Ordens verbreiteten sich Legenden über entkommene Tempelritter, Geheimgesellschaften, Geheimlehren, versteckte Schätze, mysteriöse Schriftrollen und Verbindungen zu anderen Religionen.

Nach den Verhaftungen sollen sich Tempelritter in kleine Dörfer in den Schweizer Alpen geflüchtet haben. Volkssagen berichten von „Weißen Rittern", die den Bauern im Kampf gegen Leopold von Österreich beistanden. Es gibt auch Berichte von Schweizer Dörflern, die plötzlich zu geschickten Militärs wurden. In den Folgejahren entwickelte sich das mächtige System der Schweizer Banken, das sich vor anderen Banksystemen der Welt durch seine hohe Geheimhaltung auszeichnet. Möglicherweise lag der Grund hierfür in der militärischen und wirtschaftlichen Begabung der Templer.

Unten: *Der Marsch der Ritter*, Zeichnung aus dem 19. Jahrhundert zu einem Gedicht von Alfred Lord Tennyson. Sie ist typisch für ein romantisches und idealisiertes Ritterbild.

Oben: Westminster Abbey. Hier befand sich früher der Stuhl des hl. Eduard mit dem Stein von Scone, auf dem die meisten englischen Monarchen gekrönt wurden.

OBEN: Ein Kandidat wird im 17. Jahrhundert als Lehrling in eine Freimaurerloge eingeführt.

OBEN LINKS: Der Krönungsstuhl Eduards I. mit dem Stein von Scone. Der erste schottische König Kenneth McAlpin soll den Stein 843 nach Scone gebracht haben. Eduard I. entführte den Stein und ließ den Stuhl anfertigen. Die Löwen stammen aus der Tudor-Zeit.

EIN RITTERROMAN

1819 schrieb Sir Walter Scotts *Ivanhoe* die Vorstellung fort, dass die Templer überhebliche und anmaßende Anhänger antichristlicher Geheimlehren wären. Viele Komponisten bedienten sich der Novelle und zwischen 1826 und 1891 wurden allein sieben Opern zu dieser Geschichte komponiert.

EIN KOSTBARER STEIN

Viele der Templerlegenden beginnen mit der Niederlassung des Ordens auf dem Tempelberg und ihren angeblichen Ausgrabungen. Die Liste der Funde wurde mit der Zeit immer länger und eindrucksvoller, obwohl der Platz wenig mit Salomon zu tun hatte. Die Al-Aksa-Moschee ruht auf Fundamenten römischer Zeit und es ist unwahrscheinlich, dass hier etwas Älteres versteckt war, das die Römer übersehen hätten.

Der Stein von Scone mag hier eine Ausnahme sein. Es ist ein Sandsteinblock, auch als „Krönungsstein", „Stein der Bestimmung" oder „Kopfkissen Jakobs" bekannt, auf dem der Prophet seine Vision gehabt haben soll. Ursprünglich befand er sich in der jetzt zerstörten Abtei von Scone in Schottland, wo die schottischen Könige gekrönt wurden. 1296 wurde er von Eduard I. nach Westminster entführt und in den „Stuhl Eduards" eingefügt, auf dem die englischen Könige gekrönt wurden.

Es wird jedoch behauptet, dass die Mönche oder gar die Templer den wahren Stein verborgen hielten.

VERBINDUNGEN ZUR FREIMAUREREI

Die Freimaurer entstanden Ende des 17. Jahrhunderts als Geheimgesellschaft. Es heißt jedoch häufig, sie seien im frühen 14. Jahrhundert in Schottland von entkommenen Templern gegründet worden, was als Versuch zu verstehen ist, der Freimaurerei eine altehrwürdige Ahnenliste zu verschaffen. Es gibt jedoch keine beweiskräftigen Indizien für diese Verbindung.

SPIELKARTEN

Es wurde gesagt, dass die Spiel- oder Tarotkarten von den Templern erfunden wurden. Danach soll der Narr den Novizen darstellen und der Gehängte den Tempelritter, aber auch dafür oder für ihre Erfindung durch die Templer gibt es keinerlei begründete Anhaltspunkte.

OBEN: Tarotkarte von Antonio Cicognara aus dem 16. Jahrhundert.

DAS VERMÄCHTNIS DER TEMPELRITTER

UM 1300 HATTEN DIE TEMPLER EIN NETZWERK VON STÜTZPUNKTEN MIT MEHR ALS 870 BURGEN, KOMTUREIEN UND WEITEREN GEBÄUDEN ERRICHTET, DIE ZUM TEIL NOCH ZU SEHEN SIND. DIE MEISTEN WURDEN DANN VON DEN JOHANNITERN ÜBERNOMMEN. ALS DER PAPST 1312 DIE AUFLÖSUNG DES ORDENS VERKÜNDETE, VERFÜGTE ER ZUGLEICH DIE ÜBERSTELLUNG IHRER BESITZTÜMER AN DIE JOHANNITER, ZU PHILIPPS IV. GROSSEM ÄRGER. DER KÖNIG BAT DENN DIESE AUCH SOFORT FÜR DIE GERICHTSKOSTEN GEGEN DIE TEMPLER ZUR KASSE UND SO MUSSTEN SIE SICH ZUM TEIL BIS 1314 GEDULDEN, BIS PHILIPP UND ANDERE EUROPÄISCHE MONARCHEN DEN BESITZ HERAUSGABEN.

OBEN: Die Templerburg von Ponferrada in Spanien wurde an der Pilgerstraße zum Grab des hl. Jakob in Santiago de Compostela erbaut.

Das Vermächtnis der Tempelritter lebt weiter. Vieles im heutigen Handel, im Bankwesen, der Landwirtschaft, Schifffahrt und Nachrichtenübermittlung geht auf Erfindungen der Templer zurück. So führte ihr internationales Bankennetz den Scheck und das Kreditsystem ein. Von ihnen stammen Verbesserungen in Landvermessung, Kartografie, Wegebau und Navigation und sie benutzten als Erste den Magnetkompass.

Durch die Verbindungen zum Orient übermittelten sie neue Errungenschaften der Wissenschaften, Architektur und Philosophie in den Westen. Dazu gehörten auch neue Kenntnisse der Medizin und Pharmazie und sie brachten fähige eigene Ärzte und Chirurgen hervor. Ihre Krankenhäuser und Lazarette waren die Vorläufer unserer heutigen Einrichtungen und lange bevor dies allgemeiner Standard wurde, achteten sie auf Hygiene. Die Benutzung der Atbash-Chiffre führte die Benutzung verschlüsselter Nachrichten in die Kriegführung ein. Ihr materielles Erbe ist also mindestens ebenso mächtig wie ihr mythisches Vermächtnis.

WEITERBENUTZTE SYMBOLE

Viele Darstellungen des Templerordens werden bis

RECHTS: Der Rundbau des Klosters Christi in Tomar wurde 1160 von dem lokalen Komtur Gualdim Pais errichtet.

Links: Die Kirche vom Heiligen Grab in Cambridge wird auch die runde Kirche genannt. Sie wurde 1130 von den Templern errichtet und soll an die Grabeskirche in Jerusalem erinnern. Sie ist die einzige mittelalterliche Rundkirche in Britannien und von mächtigen normannischen Pfeilern umgeben; das kegelförmige Dach wurde im 19. Jh. zugefügt.

Oben: Das rote Kreuz des hl. Georg bedeutete bei den Kreuzfahrern „Soldat Christi". Der hl. Georg war ihr Patron und die Templer trugen sein Kreuz auf der linken Brust. Von hier übernahmen es die Engländer und Franzosen im 12. Jahrhundert.

heute weiter benutzt. Die englische Fahne ist das rote St.-Georgs-Kreuz auf weißem Grund. Der hl. Georg war der Heilige der Kreuzfahrer und das rote Kreuz Abzeichen der Templer. Es wurde auch zum internationalen Symbol der Medizin.

Das Chinon-Pergament

1312 verfügte Clemens V. die Auflösung des Ordens. Erst 2002 fand Dr. Barbara Frale in den Archiven des Vatikans ein Pergament, das beweist, dass Clemens dafür gesorgt hatte, dass Jacques de Molay und andere führende Templer 1308 in den Verliesen des Schlosses von Chinon an der Loire von seinen eigenen Abgesandten befragt wurden. Dem Chinon-Pergament zufolge sprach der Papst auch im Geheimen de Molay und die Templer von den vorgebrachten Anklagen frei.

Auf ihre Bitte um Begnadigung schrieb der Papst: „Wir verfügen hiermit, dass sie von der Kirche freigesprochen sind und wieder die Sakramente empfangen dürfen." Clemens unterließ es jedoch, diesen Freispruch zu veröffentlichen, da der Skandal um die Templer die öffentliche Meinung auf das Höchste erregt hatte und er eine Kirchenspaltung fürchtete. Philipp IV. ließ de Molay und die anderen Templer hinrichten, bevor das päpstliche Urteil veröffentlicht werden konnte, und so ging es verloren.

Vielleicht besteht das wirksamste Vermächtnis der Templer in der Faszination, die sie weiterhin auf uns ausüben, auch wenn die ganze Wahrheit wahrscheinlich nie ermittelt werden kann. So werden Intrigen und Geheimnisse weiterhin diesen ersten Orden bewaffneter Mönche umgeben.

Links: Der Atbash-Code ist eine simple Verschlüsselungsmethode, bei der der erste Buchstabe des Alphabets durch den letzten ersetzt wird. Die hier gezeigte Enigma-Maschine aus dem 2. Weltkrieg war ein deutlich komplexerer Apparat, beruhte aber auf ähnlichen Grundlagen.

Glossar

Apsis
Halbkreisförmiger oder polygonaler, mit einer Halbkuppel gedeckter Anbau, in der Regel am Ostende einer Kirche

Assassinen
Moslemischer Orden schiitischer Glaubensrichtung, der im 11. Jahrhundert in Persien und Syrien gegründet wurde. Seine Anhänger sollen Haschisch konsumiert haben, um himmlische Visionen zu empfangen. Gefürchtet wegen seiner zahlreichen Attentate auf christliche und moslemische Mächtige während der Kreuzzüge.

Atbash
Simple Chiffriermethode, die den ersten Buchstaben des Alphabets gegen den letzten, den zweiten gegen den vorletzten usw. austauscht

Baphomet
Idol oder Bild unklaren Ursprungs, das von Ketzern verehrt worden sein soll

Bundeslade
Heilige hölzerne Truhe, in der die Juden des Alten Testaments die beiden Tafeln mit den Zehn Geboten verwahrten

Byzantiner
Bürger des byzantinischen Reiches oder gebürtiger Grieche im Mittelalter

Deutscher Orden
Der dritte der drei großen Ritterorden, der Ende des 12. Jahrhunderts in Akko gegründet wurde, um den Pilgern ärztliche Hilfe zu leisten

Franken
Germanischer Stamm, der die germanischen und gallischen Provinzen des römischen Reiches im heutigen Westdeutschland und Frankreich besetzte. Im Orient wurden alle Westeuropäer Franken genannt

Geweiht
Nach christlicher Auffassung für heilig gehalten

Johanniter
Mitglieder des benediktinischen Ordens der Ritter des hl. Johannes von Jerusalem. Sie trugen einen schwarzen Mantel mit einem weißen Kreuz.

Kapitel
Lokale Organisation der Tempelritter

Kastellan
Tempelritter, der das Kommando über andere Ritter, Gebäude und Ländereien hält und für ihren Betrieb verantwortlich ist

Katharer
Christliche dualistische Sekte in Südfrankreich im 12. und 13. Jahrhundert, auch Albigenser genannt

Komturei
Regionaler Hauptsitz eines Ritterordens

Kreuzzug
Eine Reihe von Eroberungszügen vom 11. bis zum 13. Jahrhundert, die normalerweise vom Papst ausgerufen wurden. Ursprünglich sollten sie das Heilige Land von den Moslems befreien; einige waren jedoch gegen andere Ziele gerichtet, wie der vierte gegen Konstantinopel oder der Albigenserkreuzzug gegen die Katharer in Südfrankreich.

Lehrlingspfeiler
Mit Reliefs dekorierter Pfeiler in der Rosslyn Chapel in Schottland aus dem 15. Jahrhundert. Seinen Namen erhielt er nach der Legende eines Steinmetzen und seines jungen Lehrlings, die mit dem Dekor der Kapelle beauftragt waren. Der Steinmetz glaubte, er könne den Pfeiler nur nach Kenntnis des Vorbilds in Rom fertig stellen. Als er von dort zurückkehrte, musste er feststellen, dass sein Lehrling ihn fehlerfrei ausgearbeitet hatte, und aus Neid brachte er ihn um.

Mamelucken
Elitetruppe von Sklavenkriegern der ägyptischen Kalifen, die selber die Macht ergriffen und die Kreuzfahrer endgültig aus dem Heiligen Land vertrieben

Mongolen
Zentralasiatisches Volk, das von Dschingis Khan geeinigt wurde

Neuschottland
Frz.: Nouvelle-Ecosse, Provinz im Südosten Kanadas

Outremer
Frz. für Übersee, Name für die Kreuzfahrerstaaten in der Levante

Päpstliche Bulle
Päpstliche Verlautbarung, genannt nach dem Siegel (lat. *bulla*), das für den offiziellen Charakter des Schriftstücks bürgte.

Reliquie
Heiliger Gegenstand, meist Knochen eines Heiligen, der kultisch verehrt wurde

Romanisch
Architekturstil vom 9. bis zum 12. Jahrhundert in Westeuropa, der durch Tonnengewölbe und Rundbögen charakterisiert ist

Sangreal
Frz. für „königliches Blut“ oder „Heiliger Gral“, der Becher, aus dem Christus beim Letzten Abendmahl trank

Schädel und Knochen
Gebräuchliches Symbol auf Grabsteinen der Tempelritter, das auf Tod und Sterblichkeit des Körpers verweist

Schiff
Hauptraumteil einer Kirche, man unterscheidet das Mittel-, das Seiten- und das Querschiff

Seneschall
Vertreter des Großmeisters des Templerordens

Sidon
Bedeutende Hafenstadt im heutigen Libanon. Nach dem ersten Kreuzzug wichtiger Besitz des Königreichs Jerusalem.

Totenbeschwörung
Okkulte Praxis, mit Toten Kontakt aufzunehmen, um die Zukunft zu erfahren

Turkopolen
Einheimische Söldner der Kreuzfahrer, die nach orientalischer Art kämpften, meist als leichte Kavallerie

Ungläubiger
Anhänger einer anderen Religion als der eigenen

Votus
Lat. für Eid; insbesondere der Eid, der von den Kreuzfahrern geschworen wurde, wenn sie ins Heilige Land aufbrachen, und der erfüllt war, wenn sie in Jerusalem eintrafen. Die Erfüllung dieses Eides zeigte ein aufgenähtes Kreuz auf der Gewandung an

Wahres Kreuz
Das Kreuz, an dem Christus gekreuzigt wurde.

Wesir
Hoher Würdenträger in islamischen Staaten

Zelter
Leichtes Reitpferd, im Gegensatz zum Destrier, dem schweren Schlachtross

Zisterzienser
Katholischer Mönchsorden, auch Weiße Mönche genannt nach ihrer weißen Kutte, über der sie eine schwarze Kapuze trugen

REGISTER

BIBLIOGRAFIE

Die Fülle der Literatur über die Tempelritter und verwandte Themen wirkt auf den Laien eher abschreckend und es gibt derartig viele Untersuchungen, dass sie insgesamt das Bild mehr verwirren als klären. Die meisten Bücher lassen sich unter zwei Kategorien fassen: Die einen sind nüchtern und akademisch, die anderen fantastisch und spekulativ. Manche sind auf Sensationen aus, andere sind ernsthafte wissenschaftliche Untersuchungen. Auch das Internet bietet eine Fülle von Seiten mit Informationen, aber mindestens ebenso viele mit unglaublichen Vorstellungen, die mit Vorsicht zu genießen sind. Im Folgenden einige aktuelle und leicht aufzufindende Bücher zum Thema:

Baigent Michael, Richard Leigh, Henry Lincoln
The Holy Blood and The Holy Grail (Arrow, 1996)

Barber, Michael
The New Knighthood, A History of the Order of the Temple (Cambridge University Press, 1994)

Burman, Edward
Supremely Abominable Crimes, The Trial of the Knights Templar (Allison & Busby, 1994)

Cantor, Norman E. (Hrsg.)
The Pimlico Encyclopedia of the Middle Ages (Pimlico, 1999)

Collins, Roger
Early Medieval Europe, 300–1000 (London, 1991)

Demurger, Alain
The Last Templar (Profile Books, 2002)

Forey, Alan J.
The Military Orders from the Twelfth to the Early Fourteenth Centuries (Basingstoke Macmillan, 1991)

Howarth, Stephen
The Knights Templar (London, 1982)

Laidler, Keith
The Head of God; the Lost Treasure of the Templars (London, 1998)

Lord, Evelyn
The Knights Templar in Britain (Pearson Education Ltd, 2004)

Maalouf, Amin (übersetzt von John Rothschild)
The Crusades through Arab Eyes (London, 1984)

Martin, Sean
The Knights Templar, The History and Myths of the Legendary Military Order (Thunder's Mouth Press, 2005)

Nelson, Janet L. (Hrsg.)
Richard Coeur de Lion in History and Myth (London, 1992)

Nicholson, Helen
The Knights Templar a New History (Sutton Publishing, 2001)

Nicholson, Helen
Templars, Hospitallers and Teutonic Knights, Images of the Military Orders, 1128–1291 (Leicester, 1993)

Partner, Peter
The Murdered Magicians (Oxford University Press, 1981)

Read, Piers Paul
The Templars (Weidenfeld & Nicholson, 1999)

Riley-Smith, Jonathan (Hrsg.)
The Oxford Illustrated History of the Crusades (Oxford, 1995)

Seward, Desmond
The Monks of War: the Military Religious Orders (Penguin Books, 1992)

Sinclair, Andrew
The Sword and the Grail (Century, 1993)

Fußnoten

[1] Zitiert in Oliver J. Thatcher und Edgar Holmes McNeal, Hrsg., *A Source book for Medieval History.*

[2] Zitiert in Helen Nicholson, „Saints or Sinners? The Knights Templar in medieval Europe“, *History Today (1994)*, S. 30–37.

[3] Zitiert in Barber, *The New Knighthood, A History of the Order of the Temple*, S. 16.

[4] Zitiert in Piers Paul Read, *The Templars*, S. 277.

[5] Zitiert in Sean Martin, *The Knights Templar the History and Myths of the Legendary Military Order*, S. 138.

[6] Zitiert in Michael Baigent, Richard Leigh & Henry Lincoln, *Holy Blood, Holy Grail*, S. 81.

[7] Zitiert in Helen Nicholson, *The Knights Templar a New History*, S. 223.